中国职业教育研究专著系列

北京区域经济发展与职业教育

李慧凤　邱　红　著

中国财富出版社

图书在版编目（CIP）数据

北京区域经济发展与职业教育/李慧风，邱红著.—北京：中国财富出版社，2016.1
（2016.6 重印）

（中国职业教育研究专著系列）

ISBN 978 - 7 - 5047 - 5981 - 8

Ⅰ.①北…　Ⅱ.①李…②邱…　Ⅲ.①区域经济发展—研究—北京市　②职业教育—
发展—研究—北京市　Ⅳ.①F127.1　②G719.2

中国版本图书馆 CIP 数据核字（2015）第 291558 号

策划编辑	谷秀莉	责任编辑	齐惠民　谷秀莉		
责任印制	方朋远	责任校对	饶莉莉	责任发行	敬　东

出版发行	中国财富出版社		
社　　址	北京市丰台区南四环西路 188 号 5 区 20 楼	邮政编码	100070
电　　话	010 - 52227568（发行部）	010 - 52227588 转 307（总编室）	
	010 - 68589540（读者服务部）	010 - 52227588 转 305（质检部）	
网　　址	http://www.cfpress.com.cn		
经　　销	新华书店		
印　　刷	北京京都六环印刷厂		
书　　号	ISBN 978 - 7 - 5047 - 5981 - 8/F・2517		
开　　本	787mm×1092mm　1/16	版　次	2016 年 1 月第 1 版
印　　张	10.75	印　次	2016 年 6 月第 2 次印刷
字　　数	242 千字	定　价	46.00 元

前　　言

　　作为教育体系的重要组成部分，职业教育以直接培养社会急需的应用型和技术技能型人才为宗旨，致力于提高劳动者的素质和劳动生产率，在经济发展和社会进步中有着举足轻重的地位。国家中长期教育改革和发展规划纲要（2010—2020 年）明确提出发展职业教育是推动经济发展、促进就业、改善民生、解决三农问题的重要途径，是缓解劳动力供求结构矛盾的关键环节，必须摆在更加突出的位置。当前我国正进入经济结构的战略调整时期，国家明确把经济结构战略性调整取得重大进展列入了"十二五"规划的主要目标，把经济结构战略性调整作为加快转变经济发展方式的主攻方向。我国的经济结构逐渐由以劳动密集型和传统技术型为主转变为以资本技术型为主，经济结构迫切需要一支与其相适应的高素质技术技能型的人才队伍作为支撑，职业教育是人才的主要提供者。

　　服务区域经济发展是职业教育的主要特征。在《国务院关于大力发展职业教育的决定（国发〔2014〕19 号)》文件中，全文 20 次提到了职业教育服务区域经济的问题，明确提出了职业教育必须坚持以服务当地经济社会为第一要务，在服务中不断提高对区域经济的贡献度，职业院校布局和专业设置要适应区域经济社会需求，健全专业随区域产业发展的动态调整机制，重点提升面向区域现代农业、先进制造业、现代服务业、战略性新兴产业和社会管理、生态文明建设等领域的人才培养能力。教育部高等职业教育创新发展三年行动计划（2015—2017 年）明确提出职业教育的发展应主动服务区域经济发展，根据区域发展规划，聚焦区域产业建设、行业提升、企业发展，着力培养当地急需的技术技能人才，将职业院校建设成为区域技术技能积累的重要资源集聚地，提升对本地区经济社会发展的贡献度，在促进就业、改善民生、服务地域经济社会建设中发挥重要作用。

　　2014 年 6 月 23 日至 24 日全国职业教育工作会议在北京召开。习近平总书记就加快职业教育发展作出了重要指示。他强调，职业教育是国民教育体系和人力资源开发的重要组成部分，是广大青年打开通往成才、成功大门的重要途径，肩负着培养多样化人才、传承技术技能、促进就业创业的重要职责，要牢牢把握服务区域发展、促进就业的办学方向，必须高度重视、加快发展职业教育，为实现"两个一百年"奋斗目标和中华民族伟大复兴的中国梦提供坚实的人才保障。由此我们可以看到，以区域经济为中心发展职业教育并为区域经济服务已经成为我国职业教育发展的基本方向。

当前北京职业教育发展与北京区域经济发展的人才需求存在一定的矛盾。北京正向建设国际化大都市的目标迈进。北京的经济表现为中央经济、总部经济、服务经济和知识经济等特征，在全国率先实现了"三、二、一"产业结构，第三产业比重超过75.1%，以金融、信息技术为代表的现代服务业已经成为北京的主导产业。北京坚持高端、高效、高辐射的产业发展方向，特别是京津冀一体化，重新定位首都功能，强调缓解人口、资源、环境矛盾，控制人口过快增长是北京当前的首要任务，发挥产业对人口的基础性调节作用，北京将继续加快服务业转型升级，加强金融等高端产业发展，外迁低端产业，北京经济的高端化、聚集化、总部化、融合化特征将更加鲜明，这将使北京有技术含量的中高端岗位需求加大，低端用工进一步减少。为适应经济结构优化的需求，满足产业发展和技术升级的高端化要求，需要大量的高端技术技能型人才为金融、物流、文化创意、旅游会展等现代服务业发展，为现代制造业、都市型农业、高新技术产业发展服务，北京区域经济社会发展对职业教育人才培养质量、结构、特色、成效提出了新的任务和要求。经过多年的改革与发展，北京职业教育为北京社会经济发展作出了巨大贡献，但是总体而言，职业教育依然是北京教育体系中的薄弱环节，其中，北京职业教育体系割裂、行业企业参与度不足、职业教育层次偏低、国际化程度不高等，同北京教育整体水平较高形成反差，无法满足北京区域经济发展对职业教育人才的需求。

本项目吸收国内外职业教育与区域经济协调发展的相关最新研究成果，深入分析了北京区域经济发展对人才需求的内涵及特征，在对北京当前职业教育的供给现状进行深入剖析的基础上，从总量、层次、结构等宏观层面以及专业、课程体系、人才培养模式等微观层面对北京当前职业教育的供给现状及北京区域经济发展对职业教育需求的配置状态进行了诊断研究，挖掘出了当前北京职业教育供给存在的关键问题，在此基础上从宏观、中观、微观三个层面构建了三个主体、三个层面、三位一体的北京职业教育与区域经济协调发展路径，这是实现北京职业教育与区域经济发展良性互动的必由之路，也是北京职业教育改革与发展的方向。本课题的研究对职业教育与区域经济理论研究的推进以及职业教育改革实践的指导具有重要的理论价值和实际应用价值。

本书得到了北京市教育委员会2013年职教名师项目经费资助，由北京联合大学参与该项目的老师共同完成。

本书编写过程中，李亚梅老师承担了资料的收集和第3章内容的撰写工作，并对全文的统稿和修改提出了有价值的建议；张苏雁老师和黄毓慧博士分别承担了国内外有关职业教育与区域经济互动演进的理论研究及实践发展状况的梳理、总结及撰写工作；杨永芳博士承担了第7章北京职业教育与区域经济协调发展、互动发展实现路径研究撰写工作；王秦博士承担了第 4 章北京区域经济发展对职业教育的需求研究撰写工作。各位老师都付出了辛勤的劳动和智慧。此外，本书的研究参阅了大量中外文献资料，在此谨对参与撰写该书的老师及文献资料的作者表示深深的感谢！

由于作者水平有限，书中难免有疏漏之处，敬请广大读者批评指正！

作　者
2015 年 8 月

目　　录

1 导论

1.1 选题背景

1.1.1 以区域经济为中心并为区域经济服务已经成为我国职业教育发展的基本方向

作为教育体系的重要组成部分，职业教育以直接培养社会急需的应用型和技能型人才为宗旨，致力于提高劳动者的素质和劳动生产率，在经济发展和社会进步中举足轻重。国家中长期教育改革和发展规划纲要（2010—2020 年）明确提出发展职业教育是推动经济发展、促进就业、改善民生、解决三农问题的重要途径，是缓解劳动力供求结构矛盾的关键环节，必须摆在更加突出的位置。当前我国正进入经济结构的战略调整时期，我国明确把经济结构战略性调整取得重大进展列入了国家"十二五"规划的主要目标，把经济结构战略性调整作为加快转变经济发展方式的主攻方向。我国的经济结构逐渐由以劳动密集型和传统技术型为主转变为以资本技术型为主，迫切需要一支与其相适应的高素质技术技能型的人才队伍作为支撑，职业教育是人才的主要提供者。

服务区域经济发展是职业教育的主要特征。在国务院关于大力发展职业教育的决定（国发〔2014〕19 号）文件中，全文 20 次提到了职业教育服务区域经济的问题，明确提出职业教育必须坚持以服务当地经济社会为第一要务，在服务中不断提高对区域经济的贡献度，职业院校布局和专业设置要适应区域经济社会需求，健全专业随区域产业发展动态调整的机制，重点提升面向区域现代农业、先进制造业、现代服务业、战略性新兴产业和社会管理、生态文明建设等领域的人才培养能力。教育部高等职业教育创新发展三年行动计划（2015—2017 年）明确提出职业教育的发展应主动服务区域经济发展，根据区域发展规划，聚焦区域产业建设、行业提升、企业发展，着力培养当地急需的技术技能型人才，将职业院校建设成为区域技术技能积累的重要资源集聚地，提升对本地区经济社会发展的贡献度，在促进就业、改善民生、服务地域经济社会建设中发挥重要作用。

2014 年 6 月 23 日至 24 日全国职业教育工作会议在北京召开。习近平总书记就加

1

快职业教育发展作出了重要指示。他强调，职业教育是国民教育体系和人力资源开发的重要组成部分，是广大青年打开通往成功、成才大门的重要途径，肩负着培养多样化人才、传承技术技能、促进就业创业的重要职责，要牢牢把握服务区域发展、促进就业的办学方向，高度重视，加快发展。为实现"两个一百年"奋斗目标和中华民族伟大复兴的中国梦提供坚实的人才保障。由此我们可以看到，以区域经济为中心发展职业教育并为区域经济服务已经成为了我国职业教育发展的基本方向。

1.1.2 当前北京职业教育发展与北京区域经济发展的人才需求存在一定矛盾

北京目前有独立设置的高职院校 26 所，其中，北京地方教育部门所属高等职业院校 4 所、其他委办局或总公司所属高等职业院校 9 所、区县政府所属高等职业院校 3 所、民办院校 9 所。普通高等职业教育在校生总数达 12.65 万人，招生数 4.38 万人，毕业生数 4.68 万人。经过多年的改革与发展，北京职业教育为首都社会经济发展作出了巨大贡献。但是，总体而言，职业教育依然是首都教育体系中的薄弱环节，其中，北京高等职业教育体系割裂、行业企业参与度不足、职业教育层次偏低、国际化程度不高等，同首都整体较高的教育水平形成反差，无法满足首都经济发展对职业教育人才的需求。"十一五"以来，北京市经济、社会快速发展，人均 GDP 已达到 1 万美元，北京正向建设国际化大都市的目标迈进。北京的经济表现为中央经济、总部经济、服务经济和知识经济等特征，在全国率先实现了"三、二、一"产业结构，第三产业比重超过 75.1%，以金融、信息技术为代表的现代服务业已经成为北京的主导产业。北京"十二五"坚持高端、高效、高辐射的产业发展方向，特别注重缓解人口、资源、环境矛盾，控制人口过快增长是北京当前的首要任务，发挥产业对人口的基础性调节作用，北京将继续加快服务业转型升级，加强金融等高端产业发展，外迁低端产业，北京经济的高端化、聚集化、总部化、融合化特征将更加鲜明，这将使北京有技术含量的中高端岗位需求加大，低端用工进一步减少。为适应经济结构优化的需求，满足产业发展和技术升级的高端化要求，需要大量的高端技术技能型人才为金融、物流、文化创意、旅游会展等现代服务业发展及现代制造业、都市型农业、高新技术产业发展服务，首都经济社会发展对职业教育人才培养质量、结构、特色、成效提出了新的任务和要求。因此，深入分析北京区域经济发展人才需求的内涵及特征，在对北京当前职业教育的供给现状进行深入剖析的基础上，从总量、层次、结构等宏观层面以及专业、课程体系、人才培养模式等微观层面对北京当前职业教育的供给现状及北京区域经济发展对职业教育需求的配置状态进行诊断研究，挖掘当前北京职业教育供给存在的关键问题，在此基础上展开北京职业教育供求协调发展路径研究，这是实现北京职业教育与区域经济发展良性互动的必由之路，也是北京职业教育改革与发展的方向。本课题的研究对职业教育与区域经济理论研究的推进以及职业教育改革实践的指导具有重要的理论价值和实际应用价值。

1.2 区域经济与职业教育的互动关系分析

1.2.1 区域经济与职业教育互动的一般分析

职业教育的核心是传递职业知识和技能，培养社会劳动力。经济是指社会的生产、分配与消费，社会生产是基础。社会生产必然有一定的劳动力参与。职业教育与社会经济的一般关系，正是通过培养劳动力和吸收劳动力而发生的，或者说是通过"教育（培训）-劳动力-就业-生产"这样的联系发生的。职业教育与经济发展有一定的内在联系。它们二者的联系是：经济发展是职业教育的外部环境，是职业教育的服务对象，教育是为经济发展服务的人才培养基地、技术和信息资源基地，二者相互依赖，相互支持。在生产力水平比较低下、生产技术构成比较低的情况下，社会生产对劳动力的技术水平、知识水平要求不高，社会劳动的专业化程度也很低，职业教育与经济发展之间的关系也没受到人们的关注和重视。随着工业革命和大机器生产的发展，劳动的专业化程度提高，社会生产对劳动力的要求有所变化，劳动力必须掌握一定的技术技能，具有一定的文化知识，不同专业岗位的劳动力一般不能互相替代，不同岗位对劳动力智能结构要求的不同，使专业化培养劳动力成为必需，职业教育独立、系统、有规模地发展成为必然。20世纪初，西方各主要资本主义国家都形成了制度化的职业教育系统。20世纪五六十年代，新技术革命的爆发，导致了社会对劳动力要求的进一步变化，从而使职业教育与社会经济之间的关系进一步深化。产业结构的进一步升级，第三产业就业人口比例明显增长，职业教育涵盖的范围也从原来主要涉及制造业而延伸到第三产业。职业教育对经济发展的作用进一步加强，成为现代教育中日益重要的部分。人们也开始从理论上分析职业教育与经济发展的关系，尤其是在以舒尔茨为代表的经济学家提出人力资本理论之后，教育尤其是职业教育对经济增长的贡献更为人们所重视。在德国，职业教育被当作复兴经济的"秘密武器"；在日本，它也被视为"经济增长的柱石"。由此可见，职业教育与社会经济之间是一种动态的关系。社会生产的规模越大，技术水平越高，生产的社会化程度越高，社会生产中需接受职业教育的劳动力人数越多，两者的关系就越密切。

1.2.2 区域经济对高等职业教育的决定作用

1. 区域经济的发展水平决定职业教育规模

教育是一种培养人的社会活动，本身是不能创造利润和盈利的，因此，教育事业的发展必然需要物质资本的支持，职业教育的发展，一方面受到区域经济需求的影响，另一方面受到区域经济实力的影响。区域经济的发展水平，决定了对人才的数量与质量的需求度，而人才培养的质量与数量的提高，需要投入相应的教育，区域经济的发展水平与教育投资是相匹配的。高等职业教育的办学条件是以资金投入为前提的，无论是规模的扩大，发展速度的加快，还是内部结构的变化，职业教育都必须有一定的人力、物力、财力的投入，用于求学者和教育工作者的工资、福利和培训，还要用于课程开发、设备更新、校舍建设及日常开支方面，这些都必须考虑到经济承受能力，也就是说，职业教育的发展和改革，都是受经济制约的，因而国家或者一个地区的经济状况，尤其是财政状况的好坏，对职业教育的发展也有较大影响。根据全国高职院校的分布情况看，经济实力强的省市高等职业院校无论是从规模上还是从数量上，都领先于其他省市。如 2010 年，作为经济强省的江苏省共有高等职业院校 79 所，广东省共有高等职业院校 76 所，而相对照的是，经济较弱省份广西有高等职业院校 39 所，二者在数量上已经有了明显的差距。这体现了教育的市场导向，区域经济实力的强弱，决定了人才需求数量的大小，也决定了高等职业教育的发展规模。

2. 区域经济的类型决定职业教育人才培养层次

区域经济结构是决定职业教育层次的主要因素。不同国家或同一个国家的不同地区，因为经济结构类型不同，所以职业教育层次往往也不同。随着生产力的发展，社会分工不断细化，职业教育不可能为每一种职业培养人才，因此职业教育在培养人才时，通常把工作要求相近的职业归类，然后通过一定的专业计划或弹性较大的课程计划实现对人才的培养。这样就形成了职业教育的专业结构，对职业教育师资培养设备的配置、课程开发、教材建设都有很大的影响。显然，职业教育的专业结构受社会生产的分工状况和社会职业结构的制约。由于社会生产的分工状况处于不断变化之中，职业教育的专业结构也需要不断调整。就总的趋势而言，社会生产对劳动力的需求总是拾级而上的，半熟练工、熟练工的比例逐步下降，技术工人、技术员及工程师等智能型劳动力的比例逐步增加。社会生产由劳动密集型向技术密集型转变是工业化的必然趋势，职业教育培养层次的逐步提高也是适应技术结构升级的必然反映。世界经济发展情况表明，人才从劳动密集型产业流向资本密集型产业和知识技术密集型产业，与人才从第一产业流向第二、第三产业保持着同步的趋势。这就需要有与之相配套的教育结构体系、教育类型，以培养不同层次、不同类型的技术人才。职业教育内部各种专业、系科设置的比例关系等，都必须与一定社会的生产力发展水平以及在此基础上形成的社会经济、产业结构相适应。否则，职业教育将无法满足经济发展对所需的人才要求，甚至可能导致职业教育体系内部比例的失调，阻碍社会生产力的发展，还可能由人才培养的结构不合理或相对过剩，造成职业教育毕业生的结构性失业。

我国目前正处于经济结构的战略调整时期，我国经济结构的变化趋势主要体现在三个方面：一是服务业的发展在加速，服务业比重逐步提高；二是经济增长的科技含量在逐步提高，资源节约型、环境友好型经济成为发展发向；三是劳动密集型产业开始转型，劳动密集型产业由东部向西部转移。目前的经济结构决定了我国高等职业教育人才的培养定位在一段时间内仍应以高素质技术技能型人才培养为主。

3. 区域经济的结构决定职业教育的人才培养方向

职业院校要主动适应经济和社会发展的需要，以就业为导向确定办学目标，必须根据区域经济和行业发展的现状和趋势，科学合理地设计人才培养方案，培养出区域经济需要的高素质技术技能型人才。不同的区域，经济结构会有差别，这就决定了职业教育的人才培养不可能形成放之四海皆准的模式，高等职业院校必须根据区域经济结构的特性进行调整，形成自己的特色。专业的设置必须与区域经济的产业结构保持一致，实训基地建设必须与区域经济的技术发展保持一致，规模设定必须与区域经济的人力资源需求保持一致。职业教育要根据经济发展的需要培养不同类型的技术技能人才。在设计人才培养方案的过程中，就业导向是设定目标的关键，当前大学生就业困难已经是普遍存在的社会问题，高职毕业生就业情况却比较理想，特别是适应经济发展需要的专业，毕业生甚至供不应求，这说明适应经济发展，培养区域经济需要的人才是高等职业教育发展的正确道路。

1.2.3　职业教育对区域经济发展的促进作用

1. 职业教育为区域经济发展提供人才支持

高等职业教育是高等教育中与区域经济联系最紧密和最直接的部分，它与生产力、产业结构和经济发展之间的联系更为直接和密切，对经济活动的直接参与度更高、能动性更强。职业教育对区域经济最大的作用就是提供人才支持，对任何一个国家来说，发展生产总要有一支懂生产、能使用现代生产工具、运用先进生产技术的技术人员队伍。如果没有这样一支队伍，即使有先进的生产设备、先进的生产工艺，也不可能构成现实的生产力，现代化的管理也不可能有效地实施，而要形成这样一支队伍，职业教育是必需的。与普通教育以及那些培养科学研究人才的高等教育相比，职业教育对于促进生产发展和经济发展，有其独特的作用，对任何一个国家来说，适度规模的职业教育都是必要的。一方面，它起着培养高素质的技术技能型人才的作用，奠定了这些人才的技术发明和技术创新的知识基础；另一方面，它又具有传播技术、推广技术的作用，这就决定了职业教育在经济发展中的价值。

当前我国经济快速发展，对人才的需求不管是从数量还是从质量上都不断提高，但目前教育提供的人才资源仍不能满足经济发展的需要，这有两个方面的原因，一是我们的教育培养出的人才与经济社会发展需要的人才符合度不高，在人才培养过程中，就业导向没有得到有效贯彻，大学生就业难的问题由来已久，并非我们培养的大学生已经过剩，教育部 2010 年新闻发布会公布的数据显示，2010 年中国高等教育的毛入学率只有24.2%，与2020 年适应经济发展的40%毛入学率的中期目标还有较大差距，就业困难的关键在于我们培养的大学生在质量上不能满足经济、社会发展的需要；二是人才培养数量不能满足经济社会发展的需要，近几年不断出现的技工荒就是很好的证明，随着经济的快速发展，需要大量的高素质技术技能型人才作支撑，大力发展高等职业教育，是提升人才资源总量、优化人才结构的有效手段。

2. 职业教育为区域经济发展提供智力支持

职业教育拥有大量高层次的人才资源，人才集中，智力集中，技术集中。第一，职业院校可以通过提供研究、咨询、参谋等形式服务区域经济发展，通过科技成果转化、合作科技开发、参与企业的技术改造等形式，把智力资源通过技术市场转化为生产力，推动区域经济的发展；第二，职业院校还可以根据区域经济发展的科技需要来调整自己的科技方向和科研计划，如接受企业的委托，或者主动地和企业的工程技术人员合作，对企业生产经营中遇到的难题进行研究、开发和解决，使之更符合区域经济和社会发展的需要，通过智力服务产生更大的经济效益和社会效益；第三，职业院校为企业开展人力资源培训也是智力服务区域经济的重要途径，通过教育培训的形式，让更多的人掌握区域经济所需要的知识和技能，从而促进区域经济的健康发展。职业教育还可以作为劳动力的储存器减轻社会就业的压力，间接促进经济的发展。经济发展往往呈现出一定的周期性，对劳动力的需要也是波动不定的。在经济发展缓慢，对劳动力要求减缩时，通过职业教育对劳动力的培训，可以暂时将劳动力储存起来，提高劳动力的素质，减轻劳动力过剩对经济发展产生的压力，调节劳动力与经济发展之间的供求矛盾。而在经济发展加速，对劳动力需求增长时，则可以将储存的劳动力注入社会生产领域，以满足社会生产对劳动力的需求。

3. 职业教育有助于促进区域城镇化进程

大力发展职业教育是提高就业能力、实现农村劳动力转移，推进城镇化、推动区域经济发展的重要途径。城镇化水平是衡量一个国家经济社会发展状况的重要标志。目前，我国城镇化率刚刚超过50%，不仅明显低于发达国家近80%的水平，也低于许多同等发展阶段国家的水平。城镇化水平滞后严重制约了我国经济和社会的发展。我国政府从20世纪80年代初就开始重视城镇化的发展。十六大报告明确提出"坚持大中小城市和小城镇协调发展，走中国特色的城镇化道路"；十七大报告中城镇化与工业化、信息化和农业现代化并列成为全面建设小康社会的载体之一；从2009年开始，由国家发改委牵头，民政部、财政部等十多个部委开始着手编制《促进城镇化健康发展规划（2011—2020年）》；2011年我国《十二五规划纲要》明确指出"十二五期间将积极稳妥推进城镇化，不断提升城镇化的质量和水平"，表明提升城镇化质量已经成为我国"十二五"期间的重要历史使命。"十八大"报告将城镇化的重要性提高到一个新的高度，城镇化已成为中国现代化进程中的大战略。

然而，在我国快速城镇化的进程中，作为一种与经济社会发展联系最直接、最密切的教育类别，目前我国职业教育发展已不能满足城镇化的要求，职业教育与城镇化发展之间的各种矛盾凸显。一方面，城镇化进程中随着经济增长方式的转变和产业结构的调整，现有职业教育人才培养结构和体系与社会、企业、行业对人才的需求结构不相适应，产业与教育、职业与教育脱节这一问题突出；另一方面，城镇化进程中巨大的转移人口素质普遍偏低的事实制约着我国产业结构的升级、就业结构的改变，也影响了他们在城市的就业和生活，影响了我国城镇化的持续稳定发展。提高转移人口的受教育水平、就业技能以及实现市民化，是当前我国推进城市化进程面临的首要问题，解决问题最主要的途径就是开展职业教育，通过职业教育，提高劳动者的综合素质，提高转移人口的受教育水平、就业技能以及实现市民化，促进就业工作，是全面建设小康社会的必然选择。

1.3 区域经济与职业教育互动演进国内外理论研究与实践进展

1.3.1 国外理论研究与实践动态

1. 国外理论研究综述

（1）教育对经济发展贡献的定性研究

国外对教育的经济功能的认识，大体上可以追溯至西方古希腊时代。泰雷克研究教育的起源史，认为柏拉图不仅最早指出了教育的重要性，而且最早涉及教育与一国经济增长关系问题。古希腊思想家、教育学家柏拉图曾说："在生产工艺中有两个部分，其中之一与知识关系更为密切。"在 18 世纪中晚期，西方国家中就有经济学家将"人才资本"包含在固定资本的定义之中。他们认为通过教育，可以改善和提高人的生产技能，从而促进经济生产活动，因而人才资本是经济活动中的一个重要组成要素。其中，最为著名的当属英国古典经济学家亚当·斯密，他作为古典经济学的主要奠基人之一，对资本主义经济理论的形成起着极其重要的作用，其影响非常深远。1776 年，亚当·斯密就在其著作《关于国民财富的原因与性质研究》（《国富论》，*Inquiring into the Nature and Causes of the Wealth of Nation*）中指出："学习是一种才能，须受教育，须进学校，须做徒弟，所费不少。这样费去的资本，好多已经实现并固定在学习者的身上。这些才能，对于他个人自然是财富的一部分，对于他所属的社会，也是财富的一部分。工人增进熟练的程度，可和便利劳动、节省劳动的机器和工具同样看作社会上的固定资本。学习的时间里，固然要花费一笔费用，但这笔费用可以得到偿还，同时也可以取得利润。"这段话明确指出了无论是对个人还是对社会，投资教育都能够增加财富的积累能力，个人或社会投资于教育都可以得到补偿和价值增值。"一个费去许多功夫和时间才学会的需要特殊技巧和熟练技能的职业的人，可以说等于一台高价机器。学会这样职业的人，在从事工作的时候，必然期望除获得普通劳动工资外，还收回全部学费，并至少取得普通利润。而且，考虑到人的寿命长短极不确定，所以还必须在适当的期间内做到这一点。正如考虑到机器比较确定的寿命，必须与适当期间内收回成本和取得利润那样。熟练劳动工资和一般劳动工资之间的差异，就基于这个原则。"从以上精彩论述中我们可以判断，亚当·斯密当时就已经具有人力资本概念，并且他实际上已经探讨了人力资本或教育培训的投资回报问题。

从古希腊的柏拉图到经济学大师威廉·配第、亚当·斯密、马克思、马歇尔等学者，他们都从不同角度提出了教育能促进一国经济增长的经济思想，但这些思想并没有成为主流经济学说的核心思想。从现代经济增长理论角度来说，真正能将教育当作经济增长的重要变量的经济学家首推索洛（1957）[①]，他在运用生产方程考察投入产出

---

① Solow. Contribution to the Theory of Economic Growth [J] . Journal of Economics，1956：65 - 94.

关系时，除去资本和劳动力等传统生产要素所产生的贡献，将其他无法解释的"残余"贡献解释为技术进步的作用，这一解释实际上间接肯定了教育对经济发展所作的贡献。但是在索洛的模型中，技术进步是由外生变量决定的，这一论述引起了人们的争议。

总体来说，有关教育对经济发展所产生的作用，阐述得最全面、最详尽、最经典的理论当推人力资本理论。该理论的主要代表人物是舒尔茨（1961）[①]，他1960年在美国经济学年会上发表的《人力资本投资》、1960年发表的《用教育来形成的资本》、1961年发表的《教育和经济增长》、1962年发表的《回顾人力投资的概念》、1963年发表的《教育的经济价值》等著作，系统、深刻地阐述了人力资本理论，在西方经济学界产生了巨大的影响，使人力资本理论获得了迅速的发展。其具体内容如下。

①人力资本是体现在人身上的体力、知识、技能和劳动熟练程度的综合能力和素质。

②人力资本必须经过投资才能形成，这些投资包括各级正规学校教育，职员的在职培训，教育部门人员出国考察、培训、出席有关会议，教育机构保健、咨询及其他服务性投资等。其中，各级正规教育是最重要的，对人力资本的形成所起的作用也最大。

③人力资本投资是经济增长的主要源泉。学校具有开展科学研究、培养人才及提高人的能力等的职能，因此学校教育实际上是实现人力资本投资的主要途径，而人力资本投资的实现使投入经济过程中的工作质量得到了明显的提高，这些质量上的提高则是经济增长的一个主要源泉。

④教育投资是生产性投资。教育对人力资本投资的收益大于物质资本投资收益，一国的劳动力质量将直接影响物质资本的作用，因此，人力资本投资是效益最佳的投资。

丹尼森（1962）[②] 在1962年出版的《美国经济增长因素和我们的选择》中，对经济增长因素进行了详细的分析，其中，对教育年限和知识增进对经济增长的影响的分析为人力资本理论的发展作出了新的贡献。他通过实证研究表明，延长正规学校教育年限对生产起促进作用，并且认为，生产率的提高有一部分是由知识增进促进的，且随着经济的不断发展，知识增进对经济增长的作用将显得越来越明显。不管是舒尔茨还是丹尼森，它们都只是从整个教育系统来分析教育对国民经济的贡献，至于高等教育的贡献率却不得而知，这不能不说是一个遗憾。

贝克尔发展和深化了舒尔茨教育人力资本的观点。他在1964年出版的《人力资本》一书中，将研究重心从正规的学校教育转移到劳动培训，并建立了一整套关于人

---

①　Schultz T W. Education and Economic Growth［M］. In N. B Henry Ed. Social forces influencing American education. Chicago：University of Chicago Press，1961：85 - 90.

②　Dennison E F. Why Growth Rates Differ［M］.Washington D C；Brookings Institution，1967.

力资本形成及分析正规学校教育与劳动培训投资回报率的理论。他对劳动培训形成人力资本的决策过程进行了深入分析，强调非专业技能的培训费用由雇主承担、专业技能的培训费用由雇员承担。以上研究对舒尔茨的人力资本理论进行了补充，使该理论更加系统与完善。

在舒尔茨、贝克尔、丹尼森对人力资本理论作出了重大贡献后，卢卡斯、罗默等人在不同程度上进一步发展了人力资本理论。特别是在 20 世纪 80 年代以后，以"知识经济"为背景的"新经济增长理论"在西方国家兴起，"新经济增长理论"采用数学的方法，建立了以人力资本为核心的经济增长模型。该模型是以在生产中累积的资本来代表当时的知识水平，将技术进步内生化的。这一类模型可称为知识积累模型，简称 AK（Accumulation of Knowledge）模型。从模型中可以看出新增长理论强调经济增长率内生决定因素，即经济增长率是在模型内部决定的，而不是被外生的技术进步推动的。由此说明，新增长理论明确把教育的作用放在了首要位置，认为教育是通过两个主要的途径来影响国家经济增长的。

一是将人力资本作为一种投入要素并且明确地引入了生产函数。这样就更加显著地将个人的教育投资选择包含在了模型中，并考虑了人力资本所具有的外部效应，从而突破了规模报酬不变的假定。

二是人力资本存量的提高导致了内生增长，尤其是技术进步明确地与人力资本存量发生了关系。人力资本积累（流量）具有对产出的一次性效应，人力资本存量具有经济增长率提高的永久效应。此外，以曼昆为代表的学者提出了"扩展索洛模型"，巴罗（Barro）提出了"扩展新古典模型"。在这些模型中，人力资本被作为独立的投入要素引入总量生产函数，这同样清楚地表明了通过教育的人力资本投资可以直接促进产出提高，从而促进经济增长。

20 世纪 70 年代以后，随着信息经济学的兴起，在教育对经济增长贡献的研究中人们逐渐引入了信息不对称的思想方法，其中最为有名的是诺贝尔经济学奖获得者斯彭斯提出的教育甄别假说。他认为教育只是作为一种甄别手段，接受教育并不能增加认知能力或社会化程度。雇主和求职者之间仍然存在着严重的信息不对称情况，雇主很难了解求职者的知识、能力、品质等条件，于是是否给予求职者较高薪水的判断标准只能取决于求职者的受教育水平。因此，教育年限或者教育投资与受教育者薪水间的正比例关系不是人力资本理论所讲的劳动生产率提高所产生的结果，而是雇主根据求职者的教育水准进行安排的结果。尽管教育甄别假说不承认人力资本的存在，但它并不抵触人力资本理论，它提出的各种观点可以促进社会人力资源的合理配置，实际上也为教育促进经济增长的研究指出了另外一条途径。因为教育甄别效应确实存在，所以人们通常只是把这种效应作为人力资本理论的一种补充来对待。

20 世纪 80 年代以后，在教育对经济增长贡献的研究中又引入了国际贸易理论。于是人们发现，教育还具有类似于出口的性质。教育除了能直接形成人力资本外，还能够通过多种途径促进其他部门的生产，从而产生外溢效应，目前已经有学者归纳出多项外溢效应。在支持教育外溢效应的学者看来，教育部门对其他部门生产的外溢效应与教育所生产的人力资本具有同样重要的作用。同时还可以看出，他们尝试着将"教育甄别"效应包括在外溢效应之中。这种思考方式也极大地拓宽了教育与经济发展关系的研究视野，因此受到了越来越多的关注。

综观研究成果，主要是从微观与宏观的角度来考虑教育与经济之间的关系。微观上，教育与经济增长的关系为雇主在雇员应聘时根据雇员的教育水准对其职位和薪水进行安排提供依据。宏观上，教育与经济增长的关系表现为教育通过改善人力资本来影响经济的增长，人力资本作为一种独立的生产要素，可以直接提高经济增长率。同时，人力资本存量水平的提高可以促进国内技术研究开发水平的提高及对国外技术的运用水平，从而间接地促进经济的增长。

（2）教育对经济发展贡献的定量研究

从数学的角度来分析教育对经济发展的作用，较早进行这方面尝试的当属英国和美国的一些学者，如詹姆斯·道奇（1904）"将几个大工厂从业人员的收入，按普通劳动者、在工厂受过学徒训练者、职业学校毕业生和技术学校毕业生等几种类型，进行比较研究，目的在于估算受不同程度教育者的货币价值"。苏联学者斯特鲁米林（1924）在论文《国民教育的经济意义》中，提出了劳动简化法，通过平均劳动简化比系数计量出教育对国民收入增长所做的贡献。科马洛夫（1972）根据受教育年限长短的不同，确定了具有不同教育程度的劳动者的劳动复杂程度系数，以此劳动复杂程度系数作为劳动力质量修正尺度，计算出前苏联 1960—1975 年教育对国民收入增长的贡献为 37.1%。斯尔·科斯坦扬（1979）则以教育费用的不同作为劳动力质量修正的尺度，计算出前苏联 1960—1970 年教育对国民收入增长的贡献为 18%。虽然采用了与西方学者不同的研究框架，但他们得到了类似的结论：教育确实能促进经济增长。

20 世纪五六十年代之后，由于计算机技术的出现和广泛应用，教育与经济关系问题研究才产生突破性进展。可以说，到 20 世纪 50 年代中晚期，许多经济学家才真正开始对教育对经济增长的贡献问题感兴趣，他们先从人力资本投资的角度入手，分析个人从教育中获得的直接收益问题，进而通过某种特定的假设条件，设计出一些似乎行之有效的数学模型，最后得出教育对经济增长的具体贡献值。20 世纪 50 年代，舒尔茨（Schultz，1956，1959）发表了他的关于人力资本的经典论文，定义了教育投资和人力资本等经济活动，设计了对教育投资价值的计算方法，并估算了 1929—1957 年美国教育投资的成本和收益率。他把资本分解为物质资本和人力资本两部分，通过计算一定时期内因教育水平的提高而增加的教育资本存量和教育资本收益率来测量教育的经济效益。具体的公式为：

$$Pe = (\Delta Ke \times r)/\Delta Y$$

其中，Pe 为教育对国民收入增长的贡献额，ΔKe 为教育投资增量，r 为教育投资的平均收益率，ΔY 是一定时期内国民收入增量。

教育投资增量 ΔKe 等于末期的教育资本存量减去初期的教育资本存量，教育资本存量是用各等级毕业生人数和各等级教育支出的乘积加总来衡量的。教育平均收益率 r 则是各级毕业生教育收益率的加权平均值，每一级的教育收益率为：

$$r_i = (X_2 - X_1)/Ci$$

其中，X_2 代表本级毕业生人均工资收入，X_1 代表低一级毕业生人均工资收入，Ci 代表本级毕业生的人均教育费用。

舒尔茨在对 1929—1957 年美国教育投资对经济增长的关系作了定量研究的基础上，得出了如下结论，即各级教育投资的平均收益率为 17％；教育投资的收益占劳动收入增长的比重为 70％；教育投资的收益占国民收入增长的比重为 33％。由此来说明人力资本投资是所有其他投资类型中回报率最高的投资。

丹尼森则采用了不同于舒尔茨等人的思路，他试图从历史统计分析中度量增长的各种因素。丹尼森把经济增长因素分为两类：总投入的增加和单位投入的产出的增加。总投入可分为劳动、资本和土地三项，其中，劳动投入量由从业人数、工作时间、从业人员的受教育程度等子项组成，单位投入量产出的增长由资源配置的改善、以市场的扩大来衡量的规模经济和知识的进展等因素组成。然后逐项推算出各因素对国民收入年平均增长率所做的贡献，比较各增长因素的相对作用。根据丹尼森的计算结果，美国 1929—1969 年人力资本对经济增长的贡献率平均为 23.83％，远高于发展中国家的水平和世界平均水平。丹尼森用"经济增长因素分析法"在 1974 年测算了美国教育对经济增长的贡献。在计算教育程度提高对国民收入增长的贡献时，丹尼森将教育程度提高归入人力资本投入量增加的范畴，把教育水平提高看作促进人力资本质量提高，从而对经济增长产生影响的主要因素，由此计算出美国 1922—1957 年的经济增长有 1/5 应归功于教育。另外，根据丹尼森的测算，如果假设美国 1929—1969 年，其人均国民收入增长率为 1.89％，则教育对国民经济的贡献率大约为 0.39％。尽管这种方法假定了工资差别与人力资本受教育程度对经济增长贡献程度相同以及将知识进展当成独立要素，但它得到了广泛认可，其分解结果被广为引用。

乔根森、弗朗梅尼（Jorgenson，Fraumeni）对美国 1948—1986 年进行的增长核算表明，人力资本质量的提高对经济增长的贡献占经济增长的 26％。曼金、罗默、韦尔（Mankiw，Romer，Weil）对 98 个国家 1985 年的每个工人产出的跨国差异进行了核算，其结果表明人力资本水平对跨国差异的贡献率为 49％，每个工人人力资本提高 1％将导致产出增长 0.28％。霍尔、琼斯（Hall，Jones）对 127 个国家 1988 年的每个工人产出的跨国差异进行了水平核算，以 25 岁以上人口的学历年数作为人力资本的代理变量，其结果表明，人力资本对经济发展水平的贡献占总要素份额的 22％。曼奎（1992）则在科布·道格拉斯生产函数的基础上加入了人力资本作为新生产要素，使用索洛模型考察了 OECD 国家的经济增长情况，计算结果是教育对 OECD 国家经济增长的贡献率为 22.3％。Lau（1993）计算出教育对巴西经济增长的贡献率为 25％。Griliches（1997）计算出教育对以色列经济增长的贡献率为 14％。

Collins 和 Bosworth（1996）[①] 估计了 1984—1994 年亚洲七国人均教育对人均产出增长的贡献份额，其中，韩国、泰国、新加坡、中国台湾人均教育对人均产出增长的贡献率分别是 9.7％，11.6％，10％，8.9％，表明教育是东亚经济增长的重要来源。Greiner 和 Semmler（2002）[②] 结合 Romer，Lucas，Uzawa 内生增长模型，研究表明，只有家庭在教育上有投资，对于物质资本的投入使人力资本存量增加，从而对投资有外在的积极影响。Mauro 和 Carmeci（2003）[③] 考察了 1960—1990 年 19 个经济合作组织国家的相关数据，使用明瑟（1988）[④] 对人力资本的计算方法，发现人力资本对经济的长期增长有积极的促进作用。Herbertsson（2003）[⑤] 利用北欧五国的历史数据，将正规教育、资本、工作时间和全要素生产力对经济增长的影响进行了量化分析，结果表明，北欧国家经济增长中的 12％～33％是受教育影响。

巴罗（Barro）以实际人均增长率为解释变量，以 1960 年教育注册率为期初人力资本的代理变量，采用宏观回归研究考察其对 1960—1985 年实际人均 GDP 增长率的贡献。宏观回归研究的目的是识别各种回归变量对经济增长的影响在统计上的明显性，以及各种投入要素对经济增长影响的相对强度。其研究结果表明，初等教育的系数为 0.025，中等教育的系数为 0.03，这意味着 1960 年初等（中等）教育注册率每提高 1％与后续年度人均 GDP 增长 2.5％有关。以巴萨尼尼（Bassannini）为代表的学者以经合组织国家数据为样本，以处于工作年龄的个人 GDP 为被解释变量，以成年人口受教育平均年数为解释变量，考察了 1971—1998 年人力资本的作用，其结果表明，人力资本存量的产出弹性是 0.57，也就是说，人力资本存量每提高 1％与 GDP 增长 0.57％有关。

（3）职业教育与区域经济增长关系研究

确切地说，把高等教育与区域经济融入一个课题中进行研究还只是最近二三十年的事情，且多见于国外的一些研究。

关于职业教育与区域经济增长的早期研究发现，职业教育对经济增长作用较小，

---

① Collins，Susan M，Barry P. Bosworth. Economic Growth in East Asia：Accumulation versus Assimilation [J] . Brookings Papers on Economic Activity，1996（2）：135 - 203.

② Alfred Greiner，Willi Semmler. Externalities of investment，education and economic growth [J] . Economic Modelling，2002（19）：709 - 724.

③ Luciano Mauro，Gaetano Carmeci. Long run growth and investment in education：Does unemployment matter [J] . Journal of Macroeconomics，2003（25）：123 - 137.

④ Mincer，Jacob，Higuchi，et al. Wage structures and labor turnover in the united states and Japan [J] . Journal of the Japanese and International Economies ，1988（2）：97 - 113.

⑤ Tryggvi Herbertsson. Accounting for Human Capital Externalities：With and Application to the Nordic Countries [J] . European Economic Review，2003（3）：553 - 567.

甚至没有作用（Gustman 和 Steinmeier，1983①；Meyer 和 Wise，1979②；Neuman 和 Ziderman，1999③）。Gustman 和 Steinmeier（1982）④ 研究认为，没有证据表明接受了职业教育的学生在工作中与没有接受职业教育的学生有差异。Gamoran 和 Mare（1989）⑤ 对此的解释是，可能是不同学生本身之间的差异导致了对职业教育回报的低估。Bishop（1989）⑥ 对美国教育进行了一组调查，发现职业教育能够在参与度、工作匹配度以及工资水平上给受教育者带来优势。但是，如果他们从事的工作不是自己所学的专业，优势就体现不出来。其他学者在对中国香港（Chung，1990）⑦、中国（Min 和 Tsang，1990）⑧、巴西（Arriagada 和 Ziderman，1992）⑨ 和以色列（Neuman 和 Ziderman，1991，1999）⑩ 等地区进行研究后，也得到了相同的结论。

而另外一些学者则研究发现，职业教育对经济增长的促进作用十分明显。

以 Caffiy 和 Isaacs 为代表的美国学者在研究高等教育与区域经济的关系时，通常采用的研究思路集中体现为：①高等教育消费可以在区域发展中创造更多的就业机会；②高等教育可以拓展区域的经济基础建设。他们建立了由政府、居民和厂商三部门构成的投资模型，用以分析高等教育对经济的影响。Ryan，Winter 和 Fadal 则分别对这一模型进行了完善，突出了模型中的可变因素，如居民受教育程度的提高会产生积极的经济效应。Sarah Batterbury 和 Steve Hill 认为，高等教育是区域经济发展的引擎。Goetz Stephan 和 Rupasingha Anil 对美国 48 个州进行了高等教育回报率估计，发现高等教育的回报率与地区经济发展水平关系紧密，一般呈正相关。

①　Gustman A，Steinmeier T. The relation between vocational training in high school and economic outcomes. NBER working paper，No. 642.

②　Meyer R，Wise D. High school preparation and early labor force experience. NBER Working Paper，No. 32.

③　Neuman A，Ziderman. Vocational education in Israel：Wage effects of the voced - occupation match ［J］. Journal of Human Resources，1999（2）：407 - 420.

④　Gustman A，Steinmeier T. Labor markets and evaluations of vocationa training programs in the public high schools—toward a framework for analysis. NBER working paper，No. 478.

⑤　Bishop，Mane. The impacts of career—technical education on high school labor market success ［J］. Economics of Education Review，2004（4）：381 - 402.

⑥　Bishop J. Occupational training in high school：when does it pay off ［J］. Economics of Education Review，1989（8）：1 - 15.

⑦　Chung Y. Educated mis - employment in Hong Kong：earnings effects of employment in unmatched fields of work ［J］. Economics of Education Review，1990（9）：343 - 350.

⑧　Min W，Tsang M C. Vocational education and productivity：a case study of the Beijing General Auto Industry company ［J］. Economics of Education Review，1990（9）：351 - 364.

⑨　Arriagada A，Ziderman A. Vocational secondary schooling，occupational choice，and earnings in Brazil. World Bank Policy Research working papers WPS 1037. Washington：The World Bank，1992.

⑩　Hotchkiss L，Hotchkiss. Effects of training，occupation，and training—occupation match on wage ［J］. Journal of Human Resources，1993（3）：482 - 496.

Han（2007）[①] 阐述了职业教育、技术和经济三者之间的互相促进关系，另外，他认为，根据职业教育适应国家经济转型的需要和第三产业的发展，应扩大职业教育的发展，减少学历教育和职业教育间的差距。John（1993）[②] 介绍了职业教育和培训对就业和人力资源产生的积极的经济影响：通过对劳动力专业素质和专业技能的培养，能增强岗位适应能力，减少企业的培训资源负担，增加企业人员的经济效益；另外，学校培养出来的人才与市场需求紧密相关，促进了学生就业能力。

David 和 Francis（1996）[③] 从职业技能与全球经济增长的关系出发，认为发展职业教育可以推动劳动生产率的提高，从而促进经济增长。

Sharmisha 和 Richard（2003）[④] 对日本第二次世界大战前第二次世界大战后的各级教育规模增长率与日本经济增长率之间的关系进行了实证分析，得出相对于其他各级教育，日本的高职教育对日本经济的长期增长的促进作用更明显的结论。Jacobs 和 Grubb（2003）[⑤] 认为 20 世纪以来，教育领域的发展已经发生了变化，高等职业教育已经不只是作为高等教育的一部分而存在，而是已经发展成为独具特色的教育机构。

通过国外相关研究成果的梳理、总结，我们发现在职业教育与区域经济研究领域目前尚缺少综合系统的研究，针对职业教育与区域经济互动的量化研究不足，缺乏相应的实证分析。特别是国外职业教育与区域经济互动研究是以发达国家，尤其是以 OECD 国家的情况为背景进行的，对于发展中国家的情况考虑较少，虽然许多的研究方法及思路具有一定借鉴意义，但对于中国乃至北京的研究仍不具有普遍的适用性，因而限制了其应用范围。

2. 典型国家区域经济发展与职业教育互动演进实践进展综述

（1）日本"产学合作"办学模式

目前，大力发展职业教育成为各国提升国家竞争力和实现社会稳定的重要战略。中国应充分学习和借鉴世界各国的先进技术和经验，以更加开放的姿态融入国际职业教育改革发展中。下文拟就日本职业教育的特点及其对区域经济发展的促进作用作分析探讨。

日本从 1871 年东京"工学寮"开始，进入了近代职业教育阶段。一个多世纪以

---

① Han X. Working Process—oriented Vocational Education［J］. Vocational and Technical Education，2007，34：005.

② John M. Skills for Productivity：Vocational Education in Developing Countries. Oxford［M］. New York University Press，1993：353.

③ Ashton David，Green Francis. Education，training，and the global economy［M］. Edward ElgarPublishing，1996：169－201.

④ Self Sharmisha，Granbwiski Richard. Education and Long－run Development in Japan［J］. Journal of Asian Economics，2003（14）：565－580.

⑤ Jacobs W N，Grubb. The federal role in vocational－technical education［J］. Community College Research Center Brief，2003.

来，日本职业教育取得了长足发展，特色突出，发挥了国家经济腾飞助推器的作用。

①系统的职教立法，为职业教育促进地方产业发展保驾护航

日本职业教育系统的立法，让职业教育有法可依、有章可循。1899 年颁布的《实业学校令》是日本第一部职业教育法令。1916—1947 年实施《工厂法施行令》，指出要对雇用人员进行教育培训。1947 年颁布《教育基本法》，对劳动基准和职业训练目的等做出了规定，同年还颁布了《职业安定法》。1951 年颁布的《产业教育振兴法》，是第二次世界大战后日本的一部比较全面的职业教育法。1958 年，颁布实施的职业教育的基本法——《职业训练法》，为工业以及其他行业培养了拥有技能的从业人员，在寻求职业安定和劳动者地位提高的过程中，使经济得以发展。除此之外，随着产业结构和经济社会变化以及职业教育发展的需要，日本还陆续出台了其他诸多相关法律，保障了职业教育的持续发展。

②与区域经济发展相适应，坚持以产业结构调整为导向

日本职业教育为其产业结构调整提供了人力、智力支持，有力地推动了经济的发展。第二次世界大战结束时，日本经济受到严重影响，1946 年的第一、第二、第三产业比重分别为 38.8%，26.3%，34.9%，1955 年分别为 38.8%，28.7%，32.5%。尽管这段时间三次产业结构并没有明显的变化，但随着经济总量的高速增长和生产规模的扩大，产业界对技术人员的需求大大增加。从 1956 年起，日本产业结构进行调整，第一产业比重不断下降，到 1989 年下降至 2.9%；第二产业比重迅速攀升，到 1989 年达到 39.2%；第三产业比重逐渐上升，到 1983 年更上升至 60.8%。经济的发展变化对职业教育提出了新的要求，20 世纪 50 年代中期到 70 年代中期，职业高中在校学生构成中，第一产业的学生数基本维持不变，而第二、第三产业的学生数持续增长。在此期间，日本职业教育很好地适应了产业发展的变化，满足了经济高速增长对人才的大量需求。

③职业教育体系完善，专业设置紧密贴合产业发展需求

20 世纪初，日本职业教育的形式以学校教育为主，主要有徒弟学校、实业学校、实业实习学校、专修学校、实业专科学校等，当时的职业学校已达 500 多所，在校生 75000 人，为日本工业崛起提供了技术人才支持。由于 20 世纪 70 年代日本的重化工业受到世界石油危机的严重冲击，80 年代日本产业进入新一轮结构调整，走技术强国的经济发展战略，逐渐将产业结构由重化工业、汽车制造业等向金融、电子通信、生物工程、医药保健、新能源等产业转化，相应地，各职业教育学校也逐渐开设相关专业。日本将原来的综合学科分解为若干小学科，如把商业学科细分为经理科、事务科、信息处理科、秘书科、营业科、贸易科等，从 1966 年到 1978 年，学科种类从 218 种发展到了 251 种，仅工业学科就达到 117 种。每年职教新专业的开设从 1985 年的 67 个增加到 1991 年的 247 个，每年旧专业的废止从 1980 年的 88 个增加到 1991 年的 230 个。日本职业学校以私营学校为主，一般在 800 人以下，但其办学的灵活性与多样性、课程设置的实践性和针对性以及严谨的治学精神使其培养的学生很好地贴合了当地产业的

发展，为产业界输送了急需的各类专门人才。

④推动企业内部职业教育发展，为产业发展提供原动力

日本职业教育办学主体多样，除了职业学校以外，企业非常重视根据自身需求进行职业教育。日本的《职业能力开发促进法》规定了企业对劳动者自发的、有计划的能力开发负有积极支持的责任和义务。日本企业对员工实施职业教育的投入很大，根据2008年日本雇佣能力开发研讨会对教育培训市场资金投入的推算，在总计投入的1兆7500亿日元中，企业投入8800亿日元，占全部的50.3%，比财政投入多40%左右，比个人投入多10%。企业对员工进行职业规划，支持员工参加各种职业教育培训，以提高员工的生产技能和管理水平。这种企业职业教育是受企业和产业需求驱动而形成的一种职业教育模式，极大地提高了日本的社会劳动生产率，促进了日本经济的发达。

⑤产学紧密合作，实现产业界和学校的互利互惠

产学合作是日本职业教育的典型特点，日本通过此方式培养出了大批高级应用型人才，对经济恢复和振兴发挥了重要作用。日本出台了《大学等技术转化促进法》，对高等专门学校研究成果如何尽快地向企业转化，促使日本产业结构调整作出了详尽的规定。日本企业为了获得所需的技术人才和科研服务，积极地与学校合作，而职业学校为了提高就业率、办好教学，也加强与企业的联系，这样最终形成了企业和学校互利互惠的良性循环。产业界与学校在人才培养上充分合作，一方面，企业为学生提供奖学金，学生毕业后到企业工作，而企业也选派员工到学校参加进修和培训，再返回企业工作；另一方面，企业人员可以受聘于学校，进行讲学或实验指导，学校的老师也兼任企业的相关职位，对企业发展提供智力支持。此外，日本还设立了学术振兴资金、科研费补助金等，对产学合作项目给予一定的资助，学校可接受企业的委托或与企业一起从事相应项目的研究工作，并快速、便捷地将科研成果转化为生产力。

⑥终身职业教育理念，使员工更好地适应产业的发展

日本通过实施职业教育与普通教育等值发展体系建设，从根本上提升了职业教育的地位。同时，日本也是世界上最早提出终身教育理念的国家之一，注重从学校进入社会后的教育与培训，如通过企业主办的职业教育、社会主办的职业教育、通信教育、自发的学习会或研究会等更新知识和技能。这种职业教育多由企业提供，从初级培训到提升培训，分为不同的等级，以保证员工素质的不断提高，适应新技术的应用和企业发展的要求。1995年，第19届东京都产业教育审议会发表的《关于在终身学习社会期待的职业教育》咨询报告中提出，要构筑终身学习社会，把走上社会后的学习作为人生体系的重要一环。这一系列的法律规章和权威报告，有力地推动了终身职业教育理念的普及。除此之外，日本还通过职业资格认证体系来提升职业教育的社会地位和鼓励发展终身职教事业。

（2）美国社区学院办学模式

美国社区学院从20世纪产生到现在已有近100年的历史，其中近40年发展最为迅速。如今，它已经遍及全美各地并依然显示着勃勃生机，在美国的教育体系中占据主

导地位。目前，美国约有 1100 所社区学院，每年有 1000 多万学生就读，占全美大学生总数的 44%，其中，社区学院的新生占全美大学新生的 50%，大学生中少数民族学生的 47% 就读于社区学院，残疾学生的一半以上在社区学院学习。

①美国社区学院概述

●社区学院的领导体制和经费来源

学院董事会是社区学院的领导机构，它一般由学院所服务的社区选民选举产生，成员为各界人士，任期 6 年。其作用主要是为学院集资，代表社区监督办学，聘任选民，加强学院与社区的联系。社区学院的经费来源包括：当地税收拨款，约占 50% 以上；州财政拨款，约占 25%；学生的学费及学校的其他辅助性服务收费，约占 25%。

●社区学院的入学制度

社区学院在入学制度上对学生是完全开放的。凡是中学毕业或通过了中学同等学力考试的，都可以上社区学院，不受肤色、民族、性别的限制。

●社区学院的专业结构和课程设置

社区学院开设的课程分为三类：第一类是转学教育，开设学士学位一、二年级课程，学生学完两年后可转到有学士学位授予权的大学里继续攻读学士学位；第二类是职业培训教育，开设直接为就业做准备的课程，学制为 1～2 年，既包括对就业者进行的岗前培训，也包括对在岗人员进行的技术提高培训，学生毕业授予准学士学位或专业证书；第三类是开设服务性或继续教育课程，课程内容涉及领域广泛，包括文化、时事、业余爱好、艺术或工艺技能、健康与锻炼等方面，为学生在 200 多个职业领域就业或提高做准备。

●社区学院的师资

社区学院教师的主要职责是教学，最低学历要求是硕士。任职业、技术教育的教师还必须有相应的职业、技术工作经验，持有相关的工作执照。

②社区学院现代经济发展活动

20 世纪 20 年代社区学院的早期目标是培养具有理论知识和实际操作技术的技术人员，社区学院被视为美国经济竞争力的重要源泉。在过去 20 年间，社区学院在经济发展中的角色发生了变化。例如，许多社区学院扩大并丰富了教学内容，增加了一系列涉及劳动力发展的活动并且强调开展针对性的特定工业培训。角色的转变正在使社区学院处于一个新方向，"从一个主要培养学生的机构转变到主要满足企业和经济需求的机构"。① "社区学院的新角色是发展与外部实体的合作机会。经济发展舞台可能提供了社区学院与企业和工业合作的快捷与可行的最大的机会。"②

---

① Dougherty K J, Bakia M F. "The New Economic Development Role of the Community College", Unpublished manuscript, Teachers College, Columbia University, 1999：178.

② Roueche J E, Taber L S, Roueche S D. The Company We Keep：Collaboration in the Community College. Washington，D. C. ：American Association of Community Colleges，1995：230.

社区学院为促进经济增长开展了各种类型的计划和服务。90%以上的社区学院将经济发展列入它们的任务之中。[①] 布恩和吉列·卡拉姆[②]在 1996 年阐述了社区学院促进经济发展的 18 种战略计划：在社区学院所服务地区的经济发展总计划中充当媒介和领导者；开办先进的技术中心，向其所服务社区的企业展示新技术设备；建立小企业援助中心；建立经济发展办公室，协调两年制学校的所有经济发展服务工作；雇用经济发展就业服务人员，为本地企业提供经济发展援助；建立企业培育计划；在其所服务地区建立与本地企业和政府机构的合作关系；利用合作关系主动吸引新型企业；为新兴企业和扩张企业的职工提供补充教育培训；利用咨询委员会在企业与社区学院之间建立联系；为学生和企业提供合作教育机会；为教职工提供教育机会，提高他们的职业素质水平；为毕业生安排就业指导，帮助他们在劳动力市场寻找工作；参与有关本地企业协会的经济发展计划；参与地区委员会的经济发展活动；为现有企业和商业提供职业培训计划；为下岗工人提供再培训计划；应社区学院所在社区的要求，召开与企业有关的专题研讨会。

从布恩和吉列所列举出的当代经济发展战略和计划我们可以看出，社区学院的主要经济发展职能已经趋向于与企业之间的合作。社区学院与当地企业积极发展合作关系，通过对劳动力的教育和培训计划开发当地人力资本，推动地区经济的进步。

③美国社区学院与社区在经济发展中的伙伴关系

建立和保持战略合作伙伴关系对社区学院促进经济发展来说至关重要，这些合作伙伴包括：地方，州和联邦政府；企业和工业界；中小学；其他高等教育机构；经济发展团体；本地区公民。如果不发展战略伙伴关系，社区学院就无法实行有效的经济发展活动和计划。

●社区学院向企业提供定制培训计划，企业通过此计划与社区学院签订合同，从中得到必需的工作培训，从而提高企业员工的技能和素质

小企业发展中心大大促进了新兴企业的发展，它为这些企业提供了培育场所、职工援助及技术支持。社区学院开始与社区利益相关者建立起战略性合作伙伴关系，他们为社区经济的复兴创办了社区发展中心。社区学院从建立之初就具有劳动力培训职能。在经济全球化的形势下，受过良好教育并且训练有素的劳动力是美国保持竞争力的关键。蔡司（Zeiss）在 2000 年说："技能工人的缺乏是社区面临的最大威胁。"因此，社区学院继续扩大劳动力培训服务和计划，劳动力培训或劳动力发展成为社区学院促进经济发展的核心。社区学院在提供劳动力发展计划和服务方面处于独特位置。实际上，它是唯一一个既提供职业教育又提供劳动力发展计划的机构。劳动力发展计

---

① Rosenfeld S A. New Technologies and New Skills: Two Year Colleges at the Vanguard of Modernization. Chapel Hill, N. C.: Regional Technologies Strategies，1995：62.

② Boone E J, Gillett—Karam R. "Community College Administrators' and Local Stakeholders' Perceptions Concerning the Economic Development Strategies Used by North Carolina Community Colleges", Community College Journal of Research and Practice，Vol. 20，1996：19 - 131.

划充当桥梁角色，把职业教育与培训计划紧密地联系在了一起。

●社区学院董事会很好地发挥其管理与咨询作用，密切了学院与社区的关系，代表了社区各界的愿望

社区学院的主要财源为社区税收拨款，体现了社区学院办在社区、依靠社区、服务社区的宗旨，决定了社区学院必须根据本社区的人口、自然环境、社会、经济、教育、文化及历史等特点来确定自己的办学方针，从而也就得到了社区政府和各界的支持。

●社区学院开放式的入学，最大可能地为社区民众提供了接受高等教育的机会

在美国这个多民族、多文化的移民国家，机会均等被视为社会公正的关键，人人享有上大学的机会。全民文化素质、技术水平的提高，是社会经济发展的基础。

●社区学院多样化的课程，将高等教育向社会各个方面开放，使每一个进入社区学院的人都能有所受益

人们依靠社区学院接受培训或再培训，学习新知识、新技术，以适应本地区的经济领域的变化。而一大批接受过教育和培训、掌握了新的生产方法的工人，就能使保存和扩大现有企业、开办新企业和吸引企业到本地区投资成为可能，从而创造新的就业机会来支持社区政府，促进社区经济繁荣。

●社区学院与社区工商界相互受益、相互促进，推动整个社区的发展

例如，学院可为当地现有企业、新办企业制定和修改开发计划、培训职工甚至联系资金提供咨询和帮助；学院和企业可进行人员交流，即学院聘请企业人员任兼职教师，教师也可给企业当顾问、做职员，直接为企业服务；学院也可以从企业获得新的实验场所以及资助和捐赠。企业对社区学院的投入与参与，使社区学院的课程内容能更紧密地与实际相联系并不断更新。

●社区学院经济角色中的一项职能是为地区经济发展制定战略计划，社区学院在援助社区经济发展计划方面占据着独一无二的地位

经济发展战略非常重要的一个方面是审查和理解公民的意愿。艾文图（Ilvento）在 2000 年发现，"在乡村有许多人对待经济发展活动相当谨慎。许多人不想改变他们的生活方式，但是他们认识到了经济发展的必要性"。[①] 社区学院参与经济发展计划，他们必须为其所服务地区的人们提供各种计划和服务。社区学院地区经济发展计划中的一项重要内容是环境的审查，为了更有效地促进经济发展，社区学院必须对自身及其外部环境进行评估，只有这样学校才能在有效评估的基础上制定各项经济策略。

北卡罗来纳州是将职业教育和经济发展活动整合进社区学院体系的第一个州。在北卡罗来纳州的带领下，南部也有许多州开始提供定制培训，并作为他们援助新企业

① Ilvento T W. "Community Opinions on Economic Development in the Rural South", Tennessee Valley Authority Rural Studies, Retrieved June 15, 2004.

战略计划的一部分。在 20 世纪 80 年代，许多立法者发现大部分州的经济发展与工作培训计划有关，许多州的社区学院教育体系重点发展定制培训计划。

康托（Cantor）在 1991 年发表评论："超过 85％的社区学院促进了经济发展活动的进步，1/3 的社区学院把经济发展活动纳入了他们的任务当中。"坎特塞纳斯（Katsinas）和拉西（Lacey）认为："社区学院在其服务范围内已经被纳入经济发展计划当中。"

（3）澳大利亚职业教育与培训体系（VET）与兼具企业和学校双重性质的 TAFE 办学模式

①澳大利亚 VET 与经济社会的互动性发展

澳大利亚经济社会发展的强烈需求推动了 VET 的诞生和发展。换个角度看，也正是 VET 对经济社会发展的突出贡献，造成了澳大利亚全国上下 VET 发展的共识。

纵观历史，澳大利亚职业教育实现了与经济社会的互动性发展。2011 年 11 月，澳大利亚国家职业教育研究中心 NCVER（National Centre for Vocational Education Research）发布名为《澳大利亚职业教育与培训数据：雇主对职业教育与培训体系观点与应用》的调查报告，为这种良性互动做了很好的统计学解释。数据表明，雇主认为 VET 能较好地满足其技能需求；82.7％的雇主对新学徒制感到满意，88.5％的雇主对国家认证培训感到满意，84.8％的雇主对在建立职业资格准入制度的职业领域 VET 的表现感到满意。作为 VET 的另一个客户，学生群体同样也表现出对 VET 的较高满意度。NCVER 于 2010 年发布的调查报告表明，2010 年 TAFE 对就业的贡献度为42.8％；对升职的贡献度为 18.6％；对受训者参训目的的达成度为 85.3％；学生对所接受培训的总体满意度为 88.9％。无论是从学生角度，还是从用人单位角度，澳大利亚 VET 无疑都交出了一份十分出色的答卷。

如果放在一个更长的时间跨度下考察，澳大利亚 VET 对经济社会发展的推动作用表现得更加明显。图 1-1 是 1982—2010 年澳大利亚职业教育入学规模增长率与失业率的关系图。这些数据清楚地表明，失业率与职业教育入学规模增长率几乎有着完全相同的演变趋势，具有较强的正相关关系。失业率走高，职业教育入学规模的增速就加快；失业率下降，职业教育入学规模增速就相对放缓。这表明政府和民众对职业教育怀有改善就业的强烈期待，他们发展职业教育的愿望坚定而执着。

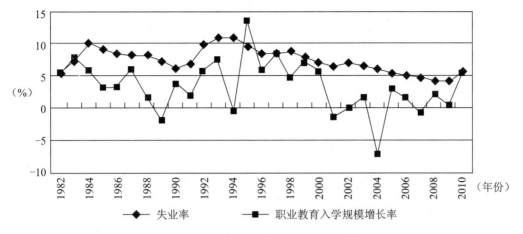

图1-1　1982—2010年失业率与职业教育入学规模增长率的关系

数据来源：职业教育入学规模增长率据 NCVER 网站：http：//www. ncver. edu. au/publications /2395. html（由原始数据计算而得），失业率据世界银行网站：http：//data. worldbank. org. cn/indicator/SL. UEM. TOTL. ZS。

②澳大利亚 VET 的特点

● 作为国家行为的 VET 构建

第二次世界大战后，源于解决退伍军人就业问题的迫切需要，澳大利亚政府开始在大学教育体系之外试办高级教育学院（College of Advanced Education，CAEs）。从20 世纪 70 年代开始，经济快速增长，产业结构经历深刻调整。高级教育学院在培养面向生产一线的技能型劳动者方面力不从心，联邦政府开始谋划推动职业教育的更大发展。

总体来看，澳大利亚 VET 的构建是国家行为，而非单纯的教育行为。澳大利亚幅员辽阔，资源丰富，但人口不多。澳大利亚政府认识到，要提高生产效率，增强国际竞争力，必须重视人力资源的开发与培训。这使澳大利亚形成了重视技能培训的传统。表1-1 是 2004—2008 年澳大利亚 GDP 增速与职业教育经费投入增速的对比情况。可以看到，在 GDP 增速进入下行通道时，职业教育获得的经费支持仍然保持着普遍高于GDP 增速的高速增长。联邦政府对职业教育的经费投入增速在 2007 年超过 17％；社会服务的投入增速在 2005 年超过 19％；职业教育的学费收入增速在 2008 年超过 9％。稳定且不断递增的经费投入，体现着国家意志，使澳大利亚职业教育发展具备了牢固的物质基础。

表1-1　　　　2004—2008 年澳大利亚 GDP 增速及其与 TAFE 投入情况对比

年份			2004 年	2005 年	2006 年	2007 年	2008 年
GDP 增速（％）			4.14	2.84	3.07	3.77	3.73
经费投入情况	联邦政府	投入（$ million）	1184.9	1172.4	1229.3	1438.6	1484.9
		增长率（％）		-1.05	4.85	17.03	3.22

年份			2004 年	2005 年	2006 年	2007 年	2008 年
经费投入情况	州政府	投入（$ million）	2587.8	2730.4	2821.3	2992.7	3089.2
		增长率（%）		5.51	3.33	6.08	3.22
	服务收入（Fee-for-service）	投入（$ million）	534.3	637.3	730.8	823.8	978.1
		增长率（%）		19.28	14.677	12.73	18.73
	学费收入	投入（$ million）	233.7	235.4	243.9	251.4	274.8
		增长率（%）		0.73	3.61	3.08	9.31
	其他	投入（$ million）	270.3	244.2	275.4	251	294.8
		增长率（%）		−9.66	12.78	−8.86	17.45
	合计	投入（$ million）	4811	5019.7	5300.7	5757.5	6121.8
		增长率（%）		4.34	5.60	8.62	6.33

数据来源：经费投入情况据 NCVER. Austrlian Vocational Education and Training Statistics：Financial Information 2008 ［R］. ADELAIDE：NCVER，2008.（增长率由计算得到．绝对值为直接数据）；GDP 数据来源：世界银行网站：http：//data. worldbank. org. cn/indicator/NY. GDP. MKTP. KD. ZG。

● 以职业资格为中心的国家框架

从总体上看，澳大利亚职业教育体系的国家框架包括三部分：国家资格体系 AQF（Australian Qualification Framework）、国家培训质量保证体系 AQTF（Australian Quality Training Framework）和培训包 TP（Training Package），其中，AQF 是核心。三者从结果控制、过程管理和培训实施等角度既各司其职，又相互协作，共同构成了推动职业教育发展的宝贵合力。为了确保实效，国家框架体系的实施过程是非常严谨的。如对注册培训机构 RTO 的认证，就分为初次认证和再次认证，分别配以不同的标准严格执行。不通过认证，RTO 就不能获得注册资格，所提供的 VET 便被认定为非法行为。通过认证的所有 RTO，作为客户的学生和用人单位全部都可以在国家培训网（www. training. gov. au）上查到。

澳大利亚资格框架（CAQF）。CAQF 诞生于 1995 年，前身是澳大利亚标准框架 CASF。CAQF 的形成与发展，反映了联邦政府对职业教育加强控制的管理意图。作为联邦制国家，澳大利亚联邦政府与地方政府间不是命令与服从的关系，更多的是基于对宪法的尊重而形成的协商关系。联邦政府意欲加强对职业教育的管理与控制和地方政府试图保持自身教育特色始终是澳大利亚教育行政管理体制发展面临的主要矛盾。20 世纪 90 年代中期，联邦主义成为重要的政策取向。CAQF 的形成，正是这种政策取向的重要体现。CAQF 的目的是从学历资格标准的角度贯通澳大利亚的三大教育体系——高等教育（Higher Education）、基础教育（Schools Education）以及职业教育与培训（CVET），从而构成教育立交桥。以 VET 和高等教育的沟通为例，两者正是通过文凭和高级文凭实现的，在 VET 获得文凭和高级文凭的学生，可以很方便地进入大学学习。CAQF 的目标是提供有竞争力且灵活的资格框架，具体目标是：适应多样化的教育与培训需求；通过资格标准的全国统一，增强就业市场对资格体系的信心；促进三大教育分支以及教育与劳动力市场的沟通；通过对学习者的早期学习成果进行认证，贯彻终身学习理念；促进学历资格体系的国际化。

澳大利亚质量培训框架（CAQTF）。CAQTF 的前身是澳大利亚认证框架 CARF，2001 年，CARF 被 CAQTF 取代。名目繁多的简称，正是澳大利亚 VET 发展活力的最好体现。在澳大利亚职业教育发展史上，很少有一个委员会或框架体系是一成不变的，勇于变革，是澳大利亚职业教育体系的发展动力和显著特征。CAQTF 的特点是结果导向（Outcomes focused）、全国统一（Nationally consistent）、实施便利（Streamlined）、过程透明（Transparent）。

培训包（CTP）。如果说 CAQF 是一种教育结果标准的话，那么 CTP 就是一种教学实施标准。CTP 由国家认证和辅助材料两部分组成，见表 1-2。其中，国家认证部分包括能力标准、资格框架和评估指南三项内容；辅助材料包括学习策略、评估材料和专业发展材料三项非认证内容。与其说 CTP 是一种教学标准，不如说是一种标准化的教学资源或者实施指南。行业在 CTP 制定过程中起着核心作用，在 CTP 诞生之初，其特征表现为"为了行业且由行业制定"，2007 年以来，国家质量委员会 NQC 重新定义了行业的作用，希望行业能够在预测人才需求的基础上为 CTP 提出针对性强的修改建议，强调 CTP 必须与经济需求变化保持同步。一般而言，TAFE 学院教师不参与 CTP 的制定过程，行业对 CTP 发挥主导作用是一个基本的原则。教师可以加入 CTP 的制定过程，但并不能动摇行业代表的主导地位。

表 1-2	培训包结构	
国家认可		
国家技能标准	评估指南	国家认可的资格证书
诠释专业知识，技能以及在工作中运用	提出评估建议，包括行业要求及评估者资历	规定各类 AQF 证书所包含的课程
非国家认可		
学习策略	评估材料	职业发展的材料

③以行业为主的办学体制

加强学校与企业的联系，深入推进校企合作，是发展职业教育的世界共识。澳大利亚的职业教育也不例外。澳大利亚的校企合作不仅仅局限在企业层面，还非常主动地适应就业市场的走势和各种变化，表现出较强的预测性和科学性。

澳大利亚的校企合作是行业主导的。无处不在的行业因素是澳大利亚校企开展深层合作的基本特征和重要保障。这可以从如下几个层面来认识：第一，行业企业主导 TAFE 学院培训标准的制定和修订，从根本上保证 TAFE 办学必然是为企业而办，扎实地做到服务于行业，而用人单位也对 TAFE 办学具有较高的满意度；第二，企业全程参与校企合作，包括课程大纲的开发与完善、TAFE 学院教师教学资料库的确定等。澳大利亚除了培训包之外，还有一些地方性的非认证培训项目。通常这些项目必须得到行业协会的认可才能实施。另外，企业还表现出与 TAFE 学院合作的强烈意愿，企业与学校共同完成职业教育任务。表现之一是，企业非常愿意向 TAFE 学院提供最先进的机器设备，保证 TAFE 学院实训教学的先进性。事实上，企业也通过这种方式物色到一批高素质的潜在新员工，缩短其入职适应期。表现之二是，企业非常愿意向 TAFE 学院派出兼职教师，并尽可能地吸纳来自 TAFE 学院的教师到企业培训或作为会员加入相应的行业协会。澳大利亚校企合作更多地表现出企业和 TAFE 学院自然、自觉的合作意愿。表现之三是，澳大利亚校企合作是深度介入的，这表现在行业是 TAFE 学院办学绩效的重要评估者、企业代表对 TAFE 学院办学的深度介入两个方面。以澳大利亚黄金海岸 TAFE 学院为例，以 CEO 为首的管理团队只是学院的执行机构，决策机构是由政府任命的大部分由行业会员组成的董事会。学院发展的重大事项，必须经董事会的批准，包括发展战略、CEO 的聘任与薪酬、财务预算的编制与执行等。

澳大利亚属英联邦国家，其职业技术教育在一定程度上效仿了英美国家。但澳大利亚始终没有全盘照搬别的国家的方法，而是走上了一条学习国际经验与谋求自主发展相结合的道路。其职业教育既相对独立于基础教育、高等教育而自成体系，又能与其上下衔接、双向立交。广大 TAFE 学院各安其位，乐居其所，不仅不像很多中国高职院校那样存在着强烈的升格冲动，而且能凭借鲜明的办学特色吸引大学毕业生来接受技能培训，兼具企业和学校双重性质的 TAFE 学院，以沟通教育与职业为己任，以联系学习与工作为宗旨，致力于区域经济的发展，既使学生有业乐业，又让企业与政府一致好评。尤其是最近的 30 多年中，澳大利亚的职业技术教育训练体系已成为国家教育培训的重要支柱，每年为社会培养大批有技术、有能力、有工作热情的人才。

（4）德国"双元制"办学模式

拥有 357022 平方千米国土面积，8220 万人口的德国，共分为 16 个联邦州。其中，西（南）部莱茵河流域城市人口密度相对较大，巴伐利亚州和北莱恩威斯特法伦州等是其经济和教育强州。全国教育和文化艺术事业由联邦和各州共同负责，其中，联邦政府主要负责全国教育规划和职业教育，并通过各州文教部长联席会议协调全国的教育工作。相反，在其基础教育、高等教育、成人教育和特殊教育等方面，主要的立法和行政管理权归属于各州。境内教育体系完备，高等教育发达，教会学校、私立教育共同发展。全国实行 12 年制义务教育，小学 4～6 年，中学 5～9 年。共有 370 所公立大学，100 所规模不大的私立大学，其中，有 15 所私立综合大学和 16 所神学院。"双元制"职业教育发达，且独具特色。从教育和经济关系的视角看，其职业教育具有以下特点。

①功能职责定位清晰的"双元制"职业教育系统

一般认为，德国的双元制职业教育，就是职业学校理论学习和企业中的实践相结合的职业教育，其实远不止此。在德国，几乎从小学开始，一直到大学（准确地讲是高中后的教育），就是一个教育培养目标与功能定位清晰的双元教育体系。不仅在基础教育阶段有平行的、培养目标明确的初级职业学校和高级职业学校，而且其具有 620 多年历史的大学，到今天已经发展成为事实上功能清晰的 4 类学校，即 UN、TU、FH 和 KI。UN 基于传统办学模式致力于纯学术领域研究，其人才培养的功能定位是学术培养；TU 工业技术大学则致力于理科和工程学科建设，工科大学成了德国事实上的工程技术锻造中心；FH 专科学校或职业技术学院就是瞄准工作和职业生涯的学校。此外，KI 艺术院校则执着于艺术的追求。

整个德国职业教育体系的目标非常清楚，就是"保障青年人掌握一种胜任经济社会发展和工作需要的技能，为年轻人开设一条成功的职业道路"。

②具有"立交互通"结构的职业教育体系

德国职业教育的"立交互通"体现在以下几个方面：第一，值得一提的是，职业教育与传统意义上的大学教育体系的"立交"，进入"职业教育体系"的学生事实上具有转到"传统大学教育体系"的多次选择机会，在 FH 接受职业教育的学生理论上可以到大学继续深造，在实际操作中各门课程达到一定优异度的学生可被接受到大学进行学习。第二，职业教育与职业培训实现了很好的"共建"、"融合"。这是通常意义上所称的德国双元制职业教育的基本内涵，在德国，约有超过 60% 的中学毕业生毕业后选择 350 多种职业培训中的一种接受职业培训，之后走上职业生涯。这种青年人进入职业生活的独特方式有别于其他国家很普及的纯粹的校内职业教育。第三，学校理论教育与企业生产和管理实践互通，在教育计划方面，职业教育相对于一般意义上的大学教育有更加严格的成体系的课程学习和实践计划，除了有相当于国内的课程实习、毕业实习和论文实习外，部分学校甚至每周有 3～4 天在企业中接受实践教育，而仅有 1～2 天在职业学校进行专业理论学习，培训时间持续两年到三年半。这样一个"立交互通的职业教育体系"，事实上使得德国职业教育成为受教育者在理论与实践自我认知的反复过程中可多（次）向选择的教育体系。学生的学校学习与企业实践良性互动，素质培养过程中的知识与技能有机结合，人才培养过程中的教育与就业自然连通，其中蕴含了不少科学的教育和人才培养规律。

③与产业界多层次紧密结合的职教体系

在德国有约 643000 个企业、公共服务机构在培训年轻人，其中，80% 的培训职位由中型企业提供。深入考察就会发现，德国职业教育事实上由国家（各州）和产业界共同承办。这不仅体现在法律责任、教育教学实施、办学经费构成等方面，而且表现在很多看似细小的教育环节中。例如，在 FH 学习的学生可以自主选择以下任何一种形式的毕业论文：一是在学校教授的指导下完成偏重于理论的毕业论文；二是紧密结合实习，在企业指导下完成实践型毕业论文。

德国重工业发达，汽车、机械制造、化工、电气等占全部工业产值的40%以上。食品、纺织与服装、钢铁加工、采矿、精密仪器、光学以及航空与航天工业也很发达。同时，德国还是世界商品出口大国，工业产品的一半销往国外。据调查，全国有近1/3的就业人员为出口行业工作。主要出口产品有汽车、机械产品、电气、运输设备、化学品和钢铁。与产业界紧密结合的职业教育体系保障了手工业者和专业工人较高的素质，其对于支撑德国成为世界制造业强国，作用不可低估。反过来，德国产业界不仅积极地参与职业教育，提供了宽领域、多层次、形式多样的实践场所，而且也提供了经费等方面的保障。除国家承担职业学校的基本费用外，职业培训资金的主要来源之一是企业。

④根植于德意志务实严谨文化底蕴的职业教育体系

职业教育成果不仅直接产生于学校，更与经济、社会、文化基础息息相关。德国人守时重信，尤其重视商业信誉，一般不轻易更换合作伙伴。德意志民族讲究逻辑与精确、务实、条理，不注重彰显个人特色，而注重做好自己的分工和角色，这些文化传统不仅使得职业教育的主体——学生在选择学校类型、完成理论学习和实践任务时求实认真、一丝不苟，而且使得职业教育体系自身"不急不躁"。近年来，在众多的德国职业学校中，尽管也有170多所学校从事"科学研究"，但是它们的研究几乎无一不是紧密结合自身行业并贴近生产的应用型研究。此外，这样的文化传统，使得社会无论是对职业教育学校，还是对于一个选择接受职业教育的青年人都十分认可。目前德国约有200万名大学生，在每个年龄段中，仅有1/3多一点的人选择就读大学，而同时有近1/3的中学毕业生选择接受成熟的"双轨制"职业教育。

⑤应对经济发展中人力资源缺乏时的战略抉择产生的教育体系

一般不为人们所详知的是，德国不仅是自然资源缺乏的国家，而且是人力资源缺乏的国家。自然资源中除硬煤、褐煤和盐的储量丰富之外，在原料供应和能源方面很大程度上依赖进口，2/3的初级能源需要进口。在人力资源方面，第二次世界大战后德国经济的振兴一直依赖于来自南欧和东南欧的所谓"客籍劳工"的劳务移民。此外，那些生活在苏联加盟国、罗马尼亚和波兰的德裔外迁人口，在"东欧事变"后加快了返回德国的趋势。在其8200万人口中，有1150余万外籍人口，450余万外迁人口和700余万外国人，这使德国人约每6个居民中就有1个是移民（或者是来自移民家庭）。在西部德国外国人分布相对稠密的部分地方，移民甚至占总人口的30%以上。

高素质的人力资源，尤其是"量大质不低"的人力资源，不仅是经济持续增长的不可替代生产要素，而且是国家经济重要的战略资源，这极大地影响着一国经济发展的水平和质量。为了给德国经济发展持续提供高素质的人力资源，德国在20世纪六七十年代选择并构建了强大的职业教育体系，可以说这是当时这个国家在应对人力资源缺乏时做出的相当明智的战略抉择。

⑥与经济社会发展协调互动的职业教育体系

教育、科学研究和发展被现代社会赋予了最核心的地位。教育使得人们有能力利用无国界知识和网络全球化所带来的机遇。近年来，德国职业教育适应世界教育改革和发展形势，不断调整和深化自身改革，别具一格的德国"双轨制"职业教育，不仅铸就了其经济强国和出口大国的人力资源基石，而且在普及和发展科学技术、提高民族素质上的作用不可低估。成功的职业教育使得在这个国家中没有职业或没有经职业培训岗位的德国年轻人相对较少。职业教育为整个德国社会稳定做出了极大的贡献。此外，德国不仅汇聚了越来越多的国际顶级科研和专利开发机构，而且日益成为世界上最受欢迎的留学国家之一，大量来自欧盟各国（特别是东欧各国）以及世界上其他国家的留学生选择德国的大学和职业学校接受高等教育。

基础教育决定国民素质，高等教育（包括高等学校教育和高中后教育）决定人力资本存量。在一个具有 600 年高等教育历史和扎实基础教育的国度中，德国职业教育发展不是一蹴而就的，其 40 多年的坚持不懈成就了今天的局面。独树一帜的"双元制"职业教育至今仍在不断强调面向、借鉴世界并持续深化自身改革。我们有理由深信，构建完善的职业教育体系，不是人口大国的权宜之计，而是铸就人力资源强国核心基石的战略壮举。

综上所述，日本、澳大利亚、美国和德国的高职教育办学模式，各具特色，各有所长，秉承扎根于本土、服务于地方经济的宗旨，满足了历史发展中的国家经济需要，也取得了丰硕的成果。从教育对经济贡献率的定性和定量研究资料及各国高职教育服务地方经济发展的实践经验可以得出，高职教育与区域经济发展呈现出相互促进、相互制约的作用与反作用、决定作用与能动影响的关系。

1.3.2 国内理论研究及实践动态

1. 国内理论研究综述

在中国知网数据库中，根据 2015 年 5 月 25 日的检索，摘要中同时包括"职业教育"和"区域经济"的期刊论文共计 1814 篇，文章在各年之间分布较为均衡，分别是 2015 年（28 篇），2014 年（222 篇），2008 年（163 篇）和 2007 年（166 篇）；在主题中同时包含"职业教育"和"区域经济"的期刊论文共计 1858 篇。两种搜索方式的结果非常接近，由于本研究项目以区域经济与职业教育互动演进为研究对象，而非单一研究对象，上述搜索结果应该代表了区域经济和职业教育二者之间可能发生关联的各个方面。为了准确匹配本书的研究对象，必须在检索文献中再次进行内容梳理。

以核心期刊（204 篇）和 CSSCI 期刊（23 篇）中国博士学位论文全文数据库（69 篇）为代表，笔者对上述 296 篇文章的内容进行了梳理，以寻求和本书研究项目相似的文献。经过对上述文章的梳理，可以看出我国对区域经济和职业教育互动演进的研究围绕着职业教育的性质和区域经济理论展开，具体内容可以分为以下三个方面。

（1）区域经济和职业教育之间的关系

区域经济和职业教育之间的辩证统一关系可以从静态和动态两个角度把握，静态关系的分析则多基于概念和性质的分析，而动态关系的分析则多基于发展和变化的分析。

①静态关系研究

区域经济是在一定区域内经济发展的内部因素与外部条件相互作用而产生的生产综合体。它是以一定地域为范围，并与经济要素及其分布密切结合的区域发展实体。

职业教育是一种具体的教育形式，与初等教育、高等教育等其他教育形式一同构成了整个社会教育。

上述概念充分反映出区域经济和职业教育之间的关系可以体现在两个层次上。

● 职业教育作为一种教育形式，其本身具备经济发展的功能

教育是一种有目的、有计划、有组织、系统地引导受教育者获得知识技能的社会活动，教育最基础的功能是影响社会人才体系的变化以及经济发展。现代社会中教育的经济功能主要包括：为经济的持续稳定发展提供良好的背景；提高受教育者的潜在劳动能力；形成适应现代经济生活的观念态度和行为方式。

● 职业教育作为与区域经济联系最为紧密的教育形式，二者的发展密切相关

区别于其他教育形式，职业教育的人才培养对象主要面向区域经济体中的基层劳动者，培养对象的就业具有本地化、大量化的特点。因此，职业教育是所有教育形式中与区域经济联系最为紧密的一种教育形式。张辉（2008）指出，高等职业教育是面向区域经济、面向产业、面向大众的高等教育形式，是教育事业与经济社会发展联系最直接、最密切的部分。

显然，国内文献均着眼于第二个层面去分析区域经济和职业教育之间的关系。这部分研究文献有很多，基本形成了普遍的共识。

职业教育与区域经济发展之间具有相互影响、相互制约、相互促进的关系：一方面，区域经济是职业教育发展的重要决定力量；另一方面，职业教育对区域经济发展具有显著的能动作用（崔晓迪，2013）。

区域经济决定了职业教育的规模、培养层次和专业及课程设置，而职业教育具有明显的区域特征（指职业教育的区域定位或环境定位）、区域技术特征（指职业教育的技术基础和技术层次是与区域技术结构及其技术发展模式相适应的）（曹令秋，秦宇翔，2012）。在这两个区域特征的影响下，职业教育机构的设置、分布和职业教育体系、规模、专业规划等，要充分考虑地理环境、人口分布、自然资源、人文历史、政治制度等区位条件。

职业教育发展的动力源泉主要为区域经济发展的需求，区域经济决定了职业教育的发展规模和结构，以及职业教育的发展速度和质量；职业教育对区域经济发展具有能动作用，职业教育为区域经济发展提供重要的人才支撑，对优化区域劳动力素质结构具有重要的作用。

于飞（2011）指出地域的同质性和内聚性构成了区域的共同特征，也为形成完善的职业教育体系提供了先决条件。新时期区域现代职业教育体系应以服务区域经济发展为主旨，促进职业教育系统与产业系统无缝对接，形成职业教育与区域经济共生互动、具有区域特色的职教新局面。

● 第三类变量影响

世界是广泛联系的，除了教育和经济之间的联系外，其他变量也可能对二者关系产生影响。少部分研究职业教育文化的文献，从文化活动对经济活动的影响角度探讨了职业教育和区域经济之间通过第三类变量——文化而产生的间接关系。

王忠惠（2014）指出，文化作为影响职业教育与区域经济联动中的第三类变量，通过调节变量获取不同情境下职业教育与区域经济两者关系的解释，或通过不同中介变量的不同作用机制审视职业教育对区域经济发展的影响，最终成为职业教育推动区域经济发展的中间转化支持路径。

屈孝初（2014）指出，职业教育对区域经济发展的促进作用，主要通过 4 种途径来实现：提高区域的劳动生产率；对口培养区域产业人才；针对性就业；适应性和可操作性的科技成果。白洁（2014）总结出职业教育与区域经济的关系有三种性质：耦合性、有序性、整体性。要使得二者协调发展，就必须依靠科学管理。

② 动态关系研究

区域经济处于不断的发展变化过程中，显然上述静态关系的分析适用于多个地区甚至多个国家。国内学者对区域经济和职业教育互动关系的研究，不仅仅拘泥于概念和性质的分析，还结合中国区域经济发展中的城乡二元经济、城镇化、国际合作等现实情况，展开具体分析。

李海宗（2009）指出，职业教育的发展直接影响区域经济和社会发展的总体水平。第一，职业教育可以促进区域农村劳动力的转移，消除二元经济特征。大力发展职业教育和培训，可以在提升农村劳动力综合素质和文化水平的同时，提高他们的技能水平，使他们拥有一技之长，促进农村剩余劳动力逐渐从第一产业迁移到第二、第三产业，缩小城乡间经济收入差异，从根本上解决农村贫困问题，逐步消除二元经济特征，实现城乡协调发展。第二，职业教育可以促进区域产业结构的调整升级。产业结构的调整升级与人力资源结构有着十分密切的关系，人力资源结构决定着区域产业结构能否顺利调整和升级，是产业结构优化升级的重要基础，当二者一致时，将促进区域产业结构的优化和升级，提高经济效益，加快经济增长。职业教育是一种面向市场、面向社会的教育，其专业设置、课程建设和人才培养都以市场需要为目标，紧密围绕本地区产业、企业发展需要来设置和调整，因而职业教育对于促进产业结构的调整和升级具有显著作用。第三，职业教育可以提高区域吸引外资的能力。当今中国正日益成为世界加工工厂，外商在中国的投资不仅注重能否获得高科技管理和研发人才，更注重在所投资区域一线技术技能型人才的可获得性。大力发展职业教育，可以为本地区培养大量的技术技能型人才，为招商引资创造良好的人才环境，同时，职业教育在提高人们知识和技能的同时，还培养和激发人们的道德精神，使其从事健康的、有益的活动，改善外商投资所需的社会、经济、制度、文化等环境，为外商投资创造一个自由、宽松和合理的空间。第四，职业教育可以降低区域对自然资源的消耗，实现可持续发展。大力发展职业教育，可以直接促进科学技术的吸收、转化和创新，通过人力资源能力的提高,对物质、能量和信息的结构增效、替代增效、转化增效和产出增效,将有效克服传统生产力要素投入的边际效益递减规律,进而提高可持续发展的能力。第五,职业教育可以带动区域高新技术发展,为技术革命提供创造基地。第六,学校学生可以成为区域经济发展新的增长点,促进消费结构升级。教育启动消费论的基本观点是通过高校扩招和增加个人对高等教育的投入,拉动大量消费,并相应地增加就业。在无须国家和财政拿出大笔钱的情况下,可在短期内形成一个巨大的新的经济增长点。

上述分析均着眼于应然层面的关系,而实然层面如何呢?

(2) 区域经济和职业教育之间互动关系的演进研究

对区域经济和职业教育之间互动关系的演进分析,有助于理解实然世界的历史背景。

虽然区域经济和职业教育之间有着社会活动和经济环境的必然关系,但如果以发展的眼光看问题,那么职业教育和区域经济之间的关系要和发展时期、发展水平、体制环境等多重因素结合考虑。在职业教育发展的早期,尚未得到足够的认识,这时的职业教育规模小、影响范围小,对区域经济的作用微不足道,可以说是无关的。随着职业教育规模和水平的发展,职业教育开始对区域经济产生影响。发展到一定阶段后,宏观管理部门认识到这种影响的存在,加以政策利用,从而可以促进二者关系的进一步发展。这个过程缓慢而逐步,从 19 世纪初我国职业教育萌发至今,政府正逐步尝试对区域经济和职业教育发展进行政策调节。

同样,前文指出的文化等第三类变量的影响进程也是如此。王忠惠(2014)指出,文化在职业教育与区域经济联动中的作用是通过无形渗透而逐步实现的,其发展经历了三个阶段:文化无关阶段、文化调节阶段、文化融入阶段。第一阶段,文化并未涉入职业教育与区域经济的联动过程之中,它对两者的联动没有产生催化效果;第二阶段,文化作为调节变量引入职业教育与区域经济联动过程之中,它影响着两者关系的强弱或关系的方向,使职业教育与区域经济的关系逐渐深入;第三阶段,文化作为中介变量介入职业教育与区域经济联动的过程,深化了区域经济通过各种机制对职业教育发展的影响,为职业教育推动区域经济的可持续发展提供了新的视角和理论借鉴。

国内学者运用实证方法,验证了区域经济和职业教育之间的联系。张辉和苑桂鑫(2008)采用 2005 年全国截面数据的实证分析表明,高等职业教育有力地推动了地方经济的发展;同时,地方的经济水平、产业结构、城乡人口比例、地域特征对高等职业教育产生了影响。

屈孝初和朱小燕(2014)运用丹尼森系数法,实证分析测算了 1999—2009 年广东、湖南两省职业教育对区域经济的贡献率水平,并对两者进行了比较分析,总体看来,广东省劳动力教育综合指数较高,劳动力素质好,但湖南省的教育综合指数平均年增长率较高,教育发展速度较快,从而湖南省职业教育的经济贡献率略高于广东省。他们还指出,职业教育对不同区域经济增长的贡献率是存在差异的。但不论是广东还是湖南，职业教育贡献率占总教育贡献率的比例均保持在50%左右，这说明教育对区域经济增长的贡献中，约有50%来源于职业教育。因此，职业教育在教育中占有重要地位，对区域经济的发展发挥着不可替代的重要作用。

胡江霞、罗玉龙和郑宏伟（2013）采用灰色关联理论分析了重庆地区职业教育经费投入情况与经济增长之间的关系。结论表明：地方生产总值GDPI与职业教育的经费投入来源之间存在着一定的正相关关系。其中，财政性教育经费与GDPI的关联度大于事业收入与GDPI的关联度＞其他教育经费与GDPI关联度＞社会、个人以及捐助的办学经费与GDPI的关联度。在某种程度上，财政性教育经费投入对经济增长的促进作用最为明显。研究结论一方面说明我国的职业教育经费过度依赖于国家财政拨款，教育经费来源渠道较少，另一方面也提出发展职业教育必须扩大投资，拓展多层面的资金来源渠道。

但职业教育与区域经济不一定始终互相促进，在某些状态下，职业教育与区域经济两者之间可能会有阻碍力量（刘培培、黄晓琴，2015）。

曾绍伟（2014）总结了职业教育与区域经济的互动中存在的三方面问题：职业教育专业设置与区域经济结构调整的吻合度较差；职业教育人才培养与区域产业结构升级的耦合性较弱；职业教育投入不足，难以满足区域经济发展的需要。

曾绍伟（2014）指出，职业教育与区域社会经济的脱节现象明显地表现为一些职业学校专业设置与区域经济之间结合度较低。具体表现为，某些专业设置在一定程度上带有随意性、粗放性和盲目性，盲目设置一些热门专业，造成培养的人才规格不符合区域经济发展的需求；某些专业设置缺乏稳定性，对社会潜在的人才需求缺乏应有的调查研究，市场需求面狭窄；某些专业不能从动态角度预测区域经济发展和市场发展的变化趋势，无法及时对专业进行改造和调整。这些问题充分反映了目前职业学校在专业设置方面尚未切实有效地体现区域经济的需求。同时，很多职业院校对人才的培养定位较为模糊，受社会对职业教育偏见思想的影响，有向"脱职"化方向发展的趋势，这样的职业教育人才培养方向与区域经济发展目标的适应性较差，从而职业教育培养的人才与市场需求脱节，无法服务区域经济发展，这在很大程度上偏离了区域经济的发展战略。虽然目前国家整体加大了对职业教育的资金投入和政策支持，但仍然无法满足社会发展对人才培养的需要，尤其是区域经济发展的需要。职业教育的投入经费不足，直接导致教育质量和水平的下降，甚至部分职业院校超额负债办学，其运转只能维持在较低水平。

上述文献回顾，告诉我们实然世界中，区域经济和职业教育之间的关系或紧密或松散，各个区域并不相同，二者之间存在着种种的不契合。

（3）区域经济和职业教育的互动机制研究

为了解释实然世界中区域经济与职业教育差异化互动关系的存在，研究者将关注点从表层关系转向了区域经济和职业教育互动的深层机制。要理解区域经济和职业教育的互动机制，首先要分析二者之间作用的机制。

①职业教育与区域经济的联动逻辑

该领域的研究文献均将系统论作为区域经济和职业教育互动机制的分析基础，把区域经济和职业教育视为两个独立系统还是把区域经济和职业教育纳入一个整体系统，研究结论有所不同。

朱德全和徐小容（2014）将职业教育与区域经济视为两个不同的整体系统，认为二者呈现出一种环形的关系逻辑。这种环式联通是以资本为中介的。如图1-2所示。

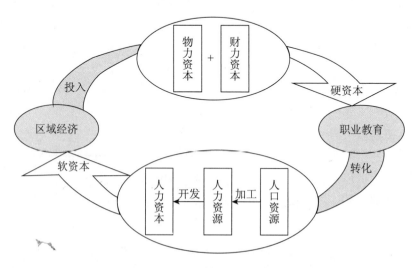

图1-2　联动的环形逻辑

朱德全和徐小容（2014）指出，区域经济和职业教育之间除了环式逻辑外，还存在系统要素之间因彼此交互作用而主要形成的"主体间性逻辑"和"层次耦合逻辑"两种关系状态。前者是主体间构成的交互关系，后者是主体层和要素层之间构成的"层面式"交互关系。

可以看出，朱德全和徐小容（2014）的分析方式遵循了系统论的方法，并且对系统要素和作用力进行了进一步的剖析。

刘培培和黄晓琴（2015）把职业教育与区域经济的联动发展看作同一生存空间下的共荣共生系统，遵循相关性、综合性、有序性三个原则，运用自组织方法来分析职业教育与区域经济的联动发展。自组织方法要求清楚组织生活中各要素的结构分布，以及各要素是怎样行动并彼此联系的。通过对区域经济和职业教育联动过程中职业学校、企业、政府、社会四个参与主体的分析，绘制了联动发展的系统解剖图，如图1-3所示。

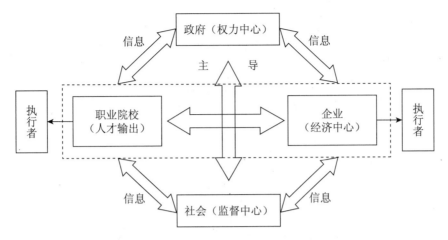

图 1 - 3 职业教育与区域经济联动发展的系统解剖

图 1 - 3 中四种主体性要素分别是代表职业教育诉求的职业院校、代表区域经济生产利益的企业、代表宏观局势管理的政府、代表开放公正的社会，其中，职业教育与区域经济直接对话、政府调控、社会监督，从而组成一个"环形结构"。政府-企业、政府-院校、企业-院校三者之间形成两两间的双向连接，整个系统运作以企业-院校连接活动为主，围绕经济、人才运作，在政府和社会的有效参与下，走出了一条自觉、调控、有序的过程性道路。

政府、企业、职业院校、社会各自的逻辑出发点不同，所依据的利益点不一致，没有构成一致的行动出发点，可能导致对过程中某些关键部分的遮掩，造成信息交流困难、堵塞，产生矛盾，形成一种非均衡的状态。系统通过这种"均衡—非均衡—均衡"的循环，和非线性的运动，进行系统内的竞争与协同活动，如图 1 - 4 所示。

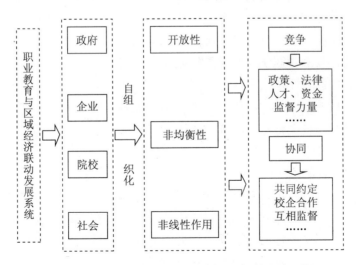

图 1 - 4 职业教育与区域经济联动发展的系统运作

上述文献均将系统科学的方法作为研究区域经济和职业教育互动的理论基础，姜茂和朱德全（2014）用生态学理论诠释了区域经济和职业教育之间的关系。运用普遍共生系统的 16 种共生状态，分析了区域经济和职业教育的关系，认为只有在对称互惠条件下的一体化共生模式中才存在共生单元间信息的互动交流，达到在内生能量分配平衡及双方利益最大化的同时保留自身独特性的效果，从而形成长期稳定且可持续的共生共荣的伙伴关系，如图 1-5 所示。

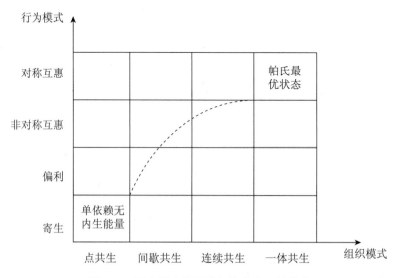

图 1-5　职业教育与区域经济共生系统状态

可以看出，上述分析都是以系统论或者生态理论作为分析基础的，那么具体在实践层面上，哪些方面或者哪些点、面或者活动是二者互动的关键环节呢？

林克松和朱德全（2012）对职业教育均衡发展与区域经济协调发展之间相互作用、相互制约的复杂关系进行了分析。该分析从双向维度展开。

区域经济协调发展对职业教育均衡发展的作用表现为"三个驱动"。

● 驱动职业教育的资源配置均衡

经济要素在区域内的均衡配置一方面有助于城乡职业教育在经费投入、校舍、教学实验场地等硬性条件上达成尽可能的公平；另一方面有助于在师资、信息、管理等软性资源上达成均衡发展态势。

● 驱动职业教育的入学机会均衡

一方面，由城乡一体化政策引发的区域产业结构、技术结构的调整诉求区域人力资源结构的配套升级，这种诉求凸显了职业教育的重要性，进而刺激区域职业教育的壮大发展，扩大了职业教育的办学规模；另一方面，区域经济协调发展能够提升农村经济实力，提高农民经济收入，进而改变农村居民的消费结构，刺激农民接受职业教育的需求。

●驱动职业教育的布局结构均衡

从空间布局上看，在区域经济协调发展进程中，城镇化和新农村建设这"两驾马车"必然大幅度提高中等职业院校、各种技能培训基地对农村的覆盖率；从布局内容上看，由区域经济协调发展催生的产业结构变化要求区域内职业教育及时调整、更新各种类型与各科专业的学校，调整相应专业结构和人才培养结构。

反之，职业教育均衡发展对区域经济协调发展的影响是通过杠杆机理展开的。基于职业教育与经济发展的高度耦合性，区域经济在协调发展过程中必然需要一个与其相适应的职业教育系统。职业教育与区域经济的并行协调与配合，是区域经济协调发展的重要杠杆（林克松和朱德全，2012）。基于区域经济协调发展指向的三个目标，职业教育均衡发展对区域经济协调发展的杠杆作用主要通过三个层次来传递。

●促进区域经济、社会要素的公平流动

职业教育均衡发展要求把区域内有限的教育资源公平地配置给城乡不同职业院校，要求区域内所有社会成员平等地拥有和享用高质量的职业教育资源，这可以打破传统区域经济、社会要素的单一流向，使区域内资金、福利、人力、信息、科技等各种要素按需求合理流动。

●促进区域经济结构的协调发展

"职业教育均衡发展就是指职业教育的培养规格、规模、结构、质量和效益满足社会人力资源和个人发展的需求，并在两个需求之间保持相对平衡的状态"。可见，作为提供技能性人力资源的职业教育，能否在人才培养规格、规模、结构、质量和效益等方面在系统内部达成均衡发展态势，直接影响着区域经济结构的协调发展。

●促进城乡经济发展差距的缩小

城乡居民收入差距过大是制约区域经济协调发展的瓶颈，"解决城乡收入差距，提高农民的收入，最主要和关键的就是要减少农民，把农村劳动力向非农产业转移"。职业教育均衡发展一方面有利于培养大批面向农村发展的"新型农民"，另一方面有助于破解农村劳动力在向城市转移过程中所遭遇的文化素养、专业技术的障碍，通过双向渠道提高农民收入，促进农村经济发展。

②立体路径——联动的传统路径和创新路径对比

根据前文分析，区域经济和职业教育之间有良性互动，也有不匹配，如果要实现职业教育与区域经济的高效联动发展，必须探索二者之间互动的新型路径。

周甜、雍恒一和袁顶国（2014）指出，职业教育与区域经济的传统联动路径是以二者为起点和终点的平面路径，实际上二者之间存在混沌的复杂性过程，对混沌复杂性过程的理解有助于将职业教育与区域经济的联动发展路径由平面走向立体。

朱德全和徐小容（2014）提出了区域经济和职业教育联动发展的立体路径构造方法，以"多维对接"勾勒职业教育与区域经济联动的"经络"，以"点—线—面"塑造职业教育与区域经济联动的"血肉"，以"利益"、"规则"、"效率"的三维一体支撑起职业教育与区域经济联动发展的"骨架"，通过立体联动道路的构建，赋予职业教育与区域经济联动以生命活力。职业教育与区域经济间多层次、多维度的立体化联动是实现两者深度联动的有效路径。这种立体式联动主要表现为主体间的点式联动，以平台为载体的产学研线式联动以及区域内和区域间的面式联动。而利益、规则、效率，分别可以驱动、保障、促进区域经济和职业教育的互动。

如图1-6所示，多元化联动主体参与、多层次联动广度辐射、多样化联动方式推动共同搭建了职业教育与区域经济联动发展的多元立体联动路径模型。

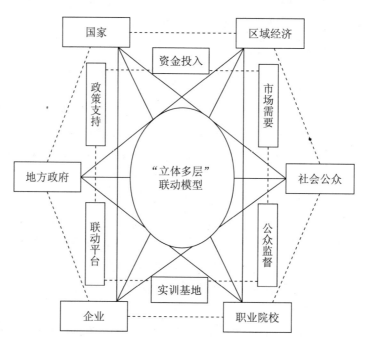

图1-6　职业教育与区域经济"多元立体"联动路径模型

2. 国内职业教育与区域经济互动的实践进展综述

我国目前正处在一个产业结构、经济增长方式、就业结构不断调整的时期，社会各方面对受过专门职业训练的人才的需求日益增加，这就更加凸显出职业教育现有的办学规模与模式面临着更加严峻的挑战，也面临着新的发展机遇。区域经济的发展离不开世界经济大环境，全球经济一体化、区域经济的国际化都影响着职业教育和区域经济的互动。同时，我国幅员辽阔，各个地区的经济发展水平不同，产业结构千差万别，下面以京津冀经济圈天津、东南沿海地区广东、内地经济区域重庆为代表，分析职业教育与区域经济互动的实践进展。

（1）天津职业教育与区域经济互动

天津是一个历史悠久的城市，天津的职业教育发展也处于国内城市的前列，天津的职业教育发展水平在全国职业教育发展中一直处于引领地位，因而在考察区域经济和职业教育互动关系的研究中，首先要将天津作为研究对象。

　　自 2005 年教育部与天津市人民政府共建国家职业教育改革试验区以来，在国家的大力支持下，天津市坚持把职业教育放在经济社会发展大局和教育工作全局中更加突出的位置，把发展职业教育作为战略重点。2008 年天津把滨海区设立为职业教育新区，2012 年制定了《关于共建国家职业教育改革创新示范区协议》以及相应的实施方案，这些政策措施都极大地促进了天津市职业教育的发展。

　　天津职业教育与区域经济互动主要体现在以下几个方面。

　　①坚持以行业办学为主，不断深化职业教育体制改革。先后组建了 16 个职教集团，使单一的职业教育办学体制、管理体制和投资体制逐步向多元化和集约化方向发展。

　　②以重大建设项目为纽带，促进职业教育与经济建设紧密结合。天津市人民政府与教育部共建 8 个滨海新区技能型紧缺人才培养基地。天津钢管公司等 93 个企事业单位被确定为首批示范性校外实训基地。天津市人民政府投入 5.5 亿元作为专项资金，用于支持职业院校基础能力建设。

　　③探索新型工业化背景下的工学结合人才培养模式，初步形成天津市职业教育发展特色。职业院校普遍建立了产教结合委员会，在专业设置、课程建设等方面，形成了学校主动依靠企业、企业主动帮助学校的运行机制。目前，天津市高职院校共有 52门课程被评为国家级精品课程。

　　④组织全国职业院校技能大赛，初步形成有利于赛事可持续发展的制度环境。多方调动企业参与大赛的积极性，使大赛成为引领职业教育教学改革、促进校企结合、企业招聘优秀人才的平台，为形成"普通教育有高考、职业教育有大赛"的创新技能型人才评价制度发挥积极作用。

　　⑤在天津滨海新区塘沽探索职业资格认证机制的试点，推进就业准入制度。

　　⑥吸收外部生源，实现本地就业，弥补劳动力缺口。

　　天津职业教育招生中充分利用职业教育资源优势，不断加强与中西部地区合作办学。天津职业院校招生已辐射全国 30 个省、市、自治区，其中 80% 学生来自中西部地区，在校学生中外地生源已近 50%，每年有 2 万多名中西部地区的毕业生在天津就业。

　　总体来看，天津职业教育发展取得了一定成绩，但与天津经济发展要求和城市定位还存在较大差距。统筹规划和政策引导还存在差距，一些学校的办学条件薄弱，布局结构需进一步优化调整，技能型人才的培养质量有待提高，与产业结构、职业岗位对接的专业体系尚未完全建立，教材内容脱离企业实际的现象仍然比较普遍，"双师型"教师队伍建设的政策机制尚不完善，学校的基础管理制度和办学规范有待健全，科学的职业教育评价标准和评价机制尚未建立，学生成长的"立交桥"还不畅通等。这些矛盾和问题需要通过改革创新加以解决。

　　天津职业教育做得最好之处是职业教育对外合作领域。"十一五"以来，天津先后在加拿大、德国、澳大利亚等多个国家与地区建立了职业教育海外培训基地，坚持每年选派骨干教师赴海外培训，取得了显著成效。通过积极开展境外合作，学习其他国家的先进经验，天津职业教育获得了一定的领先优势。职教人才的区域外就业就体现了天津职业教育跨越地域限制的外溢性特征。

天津区域经济发展也对职业教育培养的技能型人才提出了数量和质量的要求。天津市"十二五"期间经济社会经历较快的发展，对高端技能型人才的需求在一定时期内都保持在一个较大数量水平。未来天津区域经济的发展重点会在一个较长的时间内以滨海新区的发展为龙头，滨海新区位于天津市东部的滨海地带，它包括天津港、天津经济技术开发区、天津港保税区、海河下游工业区四个经济功能区和原塘沽、汉沽、大港三个行政区，规划面积达到 350 平方千米。这么大区域的发展势必会为职业教育的进一步发展提供强大的助推作用。

天津区域经济对职业教育社会服务功能的要求正在日益提高，随着传统产业的不断转型和高附加值技术密集型产业的兴起，下岗职工再就业以及在岗人员的再教育，还有新农村技术人才和经营人才的培养等都要求职业院校面向企业开展多层次、多形式的社会培训。经济社会的发展需求也必然要求职业院校应该更多元化地参与区域经济活动，为其提供经济信息资源服务、技术研发和成果转化服务以及人才流通等服务。

（2）广州职业教育与区域经济互动

作为国家中心城市、综合性门户城市和区域文化教育中心，广州在国家区域战略发展格局中具有举足轻重的地位，不仅是珠三角经济带的核心，而且是广东以至华南的多功能中心城市，是广东省的政治、经济、文化中心和交通枢纽。加快发展与现代产业体系相适应的现代职业教育，是适应广州经济转型和产业升级，大力建设国家中心城市的重要举措，通过系统规划现代职业教育的层次结构和专业体系，构建与现代产业相适应的从初级到高端的人才培养通道，可以助推广州新一轮产业转型升级，形成广州经济社会发展的新优势。

广东省和广州市政府很重视职业教育的发展。2009 年 1 月国家发展和改革委员会发布的《珠江三角洲地区改革发展规划纲要》提出：以中等职业教育为重点，大力发展职业教育，率先实现农村中等职业教育免费，推进校企合作，建设集约化职业教育培训基地，面向更大区域配置职业教育资源，把珠江三角洲地区建设成为我国南方重要的职业教育基地。广州开发区将成为珠江三角洲职业教育基地的一个示范点。2010年广东省下达《广东省中长期教育改革和发展规划纲要（2010—2020 年)》的通知，强调进一步加强中等职业教育基础能力建设，积极推进中等职业教育战略性结构调整，为建设现代职业教育体系和建设我国南方重要的职业教育基地夯实基础。2012 年为进一步深化职业院校技能型人才培养模式改革，不断提高学生综合职业能力，广州教育局联合人社局下发了《关于推进广州市中高等职业技术院校开展学生职业技能鉴定工作的通知》，在日常鉴定和双证书模式的基础上，增加了"技能竞赛"和"质量检测"模式，并明确了组织实施办法，使职业院校日常教学活动与考证更加紧密地结合起来，对引导职业院校和学生积极考证发挥了良好作用。

广州的职业教育发展基础良好，职业教育水平处于国内前列。2013 年广州市属高等职业院校共 6 所,在校生 4.4 万人,占广州地区的 15%;广州市属、区属中等职业学校 54 所,在校生 12.9 万人,占广州地区的 54%;广州市属、区属技工学校 28 所,在校生 12.2 万人,占广州地区的 43%;广州公办职业教育市外生源比重高达 50%。在专业设置方面,目前广州市职业教育开设了财务会计类、语言文化类、计算机类、交通运输类、加工制造类等专业,基本摆脱了职业教育专业设置原则的束缚,形成了较为鲜明的职业教育特色。

表 1-3 中数据反映出广州职业教育水平的迅速发展,这得益于广州不断进行职业教育模式和培养方式的改革和探索。2010 年广州职业教育发展规模达到全国第一,从2010 年开始,广东省开展高等职业院校面向中等职业学校对口自主招生工作,探索构建纵向衔接、横向贯通的职业教育人才培养体系。其中"中高职三二分段"培养学生的模式得到广大师生和企业的肯定,历年人数频创新高。

表 1-3   **2010—2013 年广州职业教育发展情况**

年份	对口中职学校（所）	对口高职院校（所）	专业（个）	培养人数（个）	就业率（%）
2010	8	4	8	400	98.5
2011	16	11	18	1330	96.71
2012	19	16	33	2920	96.85
2013	20	17	42	2880	97

广州市经济的迅猛发展,使得技能型人才需求持续旺盛,更对技能型人才的培养提出了更高的要求。广州职业教育的突出问题表现为两点:数量缺口和产业升级需求。

据调查,广州市在整个"十二五"期间技能型人才的需求量有 200 万之多,而目前中高技能型人才的缺口还有 30 万~40 万人。查吉德(2005,2006)分别进行了广州市技能型人才培养与市场需求的拟合度调查、广州市企业技能型人才现状的调查,通过数据分析得出广州不仅存在技能型人才数量缺口,而且结构失衡,高级工以上技能型人才非常缺乏。

随着经济的快速发展,广州产业结构不断优化,实现了从以第二产业为主,第二和第三产业并重到第三产业为主导的产业结构调整,资本密集型和技术密集型产业的比重不断扩大。未来广州将着力推动产业结构高级化,加快建立以服务经济为主体、现代服务业为主导,现代服务业、战略性新兴产业与先进制造业有机融合、互动发展的现代产业体系,以提升广州整体产业的竞争力。广州产业结构的优化导致了人才需求结构的改变,高技能型人才将是产业结构优化升级的重要保障。广州作为我国重要的职业教育重地,承担着培养适应产业升级需求的新型高素质劳动者的责任。然而,从现阶段的广州职业教育发展来看,产业结构与高技能人才供给结构失衡的矛盾仍十分突出,主要表现为劳动者的素质和技能水平普遍偏低,高技能型人才有效供应不足,无法满足产业结构优化升级对技能型人才的需求等方面。

广州职业教育布局以位于增城市的广州教育城为核心，以位于白云区钟落潭的高校职教园区为集聚，以花都区职教园区、从化区职教园区、南沙区职教园区为支撑，逐步形成布局合理、结构优化、资源集中、功能强大的区域职业教育布局架构。

职业教育硬件建设方面，广州以重点、品牌专业为纽带和引领，建成了一批高水平、与企业对接紧密的示范性实训中心、公共实训基地，推进现代职业教育实训中心转型提升，建设集实习实训教学、技能考核、师资及企业职工培训、技能竞赛、教产研发服务"五位一体"的现代职业教育实训中心，鼓励企业职工和职业院校学生在市级公共实训鉴定基地参加实习、训练和鉴定。

广州在职业教育集团的建立和发展领域，走在了全国的前列。广州以高等职业学校为龙头，以专业为纽带，以行业、骨干企业为依托，积极建立中等、高等职业教育协调发展的产教组团，通过共建共享优质教育教学资源，大力推进集产学研一体的协同创新示范园建设，积极探索产教融合协同办学的体制机制。2011—2013年，广州市组建成立旅游商务、商贸和财经3个市级职业教育集团：广州市旅游商务职业教育集团、广州商贸职教集团和广州财经职业教育集团。其中，广州市旅游商务职业教育集团理事单位共144个，其中，企业124个，行业协会8个，中高等职业学校12所。大型职教集团的成立密切了产教对接和校企合作。

基于未来广州的经济发展，《广东省中长期教育改革和发展规划纲要（2010—2020年）》对职业教育提出的有关数量、质量目标如下。

到2020年，中等职业教育与普通高中在校生规模比不低于1∶1，中职教育在校生达22万人（其中，普通中专、职业高中12万人，技工院校10万人），高等职业教育在校生达6万人以上（其中，专科层次职业教育在校生达到6万人，本科及以上层次职业教育的学生达到一定规模），市属高等职业教育规模占市属高等教育的70%以上。进一步加强继续教育和社会培训，新增劳动力80%以上接受过中等以上职业教育或培训。

充分发挥广州教育城专业集群优势、中高职院校组团优势，积极创新中高职衔接机制，实现高职院校与本科院校联合举办专业学士、专业硕士教育，真正实现广州职业教育链式发展，上接（即中职上接高职，高职上接应用性本科教育及硕士教育）、内合（校企、校校结合）、外应（实行国际合作办学）的基本思路。到2020年，基本形成体现终身教育理念，中等职业教育（指普通中专、职业高中、技工学校、高级技工学校、技师学院所承担的教育，下同）和高等职业教育（含专科层次、本科层次、专业学位研究生）相互衔接、协调发展、开放兼容的现代职业教育体系，满足人民群众对教育的多样化需求，满足区域经济发展和产业转型升级对高素质劳动者的多样化需求。

（3）重庆职业教育与区域经济互动

重庆是一个老工业基地，由于地处西部，工业基地建设初期的发展速度不及中心城市和沿海地区，但近年来在国家大力发展西部的政策下，重庆市作为西部龙头，区域经济有了长足发展。虽然重庆是我国第四个直辖市，但重庆大城市、大农村、大库区、大山区并存，城乡、区域差距大，经济和社会发展情况复杂，职业教育和区域经济互动对接中既有市场经济驱动又有政策驱动，可以说重庆职业教育在服务区域经济的同时兼具社会转型功能。

2007年重庆市制定并颁布实施《重庆市职业教育条例》，依法保障职业教育经费投入。此后5年建成国家级重点中职学校49所、市级重点中职学校37所、实习实训基地348个、县级职教中心34个。2008年《国务院关于推进重庆市统筹城乡改革和发展的若干意见》提出了职业教育发展的新要求，教育部、重庆市政府签订了《建设国家统筹城乡教育综合改革试验区战略合作协议》，教育部、国务院三峡办、重庆市政府、湖北省政府签订了《共建三峡库区职业教育和技能培训试验区协议》，使重庆职业教育成为了实现中国城乡统筹发展和三峡库区移民安稳致富的"国家战略"。2012年发布《中共重庆市委重庆市人民政府关于大力发展职业技术教育的决定》和《重庆市职业技术教育改革发展规划（2010—2020）》，决定投入百亿元支持职业教育。

这些政策极大地促进了重庆职业教育的发展。截至2013年年底，重庆市共有独立设置的高职院校39所，占全市各类高校的60.94%。全日制本科院校中，举办专科层次高职教育的院校有19所。高职院校中，公办院校23所（其中，市教委主管院校8所，行业企业主管院校13所，区县主管2所），民办院校16所。

截至2013年年底，全市高职专科在校学生22.68万人，其中，独立设置高职院校在校学生20万人，本科院校高职学院在校学生2.68万人。高职专科学生数占高校学生总数的比重为36.33%。2013年全市高职专科招生7.6万人，其中，12所单独招生试点院校单独招生1.2万人。2013高职专科毕业生共63万人。

重庆市高职院校在地域分布上以主城为主，共18所，六大区域中心城区中万州6所、永川5所、江津3所（另有地处主城的3所高职院校在江津设有校区）、黔江2所、涪陵1所、合川1所（另有1所主城高职院校校区），其他区县中璧山1所、铜梁1所、长寿1所。

近年来，重庆通过大力实施"职教移民、职教富民、职教助民"战略，在全国率先建立"面向人人"的职业教育资助体系，提前三年实现了国家提出的高中阶段普职规模"大体相当"目标。职业教育已成为重庆经济高速增长的"助推器"。重庆农村劳动力接受过职业技术培训的比例达51.5%，职业教育对经济增长的总体贡献率达6.81%，高于全国平均水平，吸引了100多家世界500强企业来渝投资落户。这在很大程度上是职业教育提高产业素质、改善投资环境所产生的"蝴蝶效应"。

重庆职业教育的办学模式改革创造了"四个互动"的"重庆经验"。目前，除主城九区作为职教核心区之外，已建设"重庆（永川）职业教育基地"等6个职教园区，入住中职学校64所，在校生13.6万人，分别占全市总数的21%、25%。在园区建设中探索的"城校互动、资源共享"、"园校互动、校企融合"、"产教互动、集团发展"、"城乡互动、联合办学"、"四个互动"办学模式，得到了国务院原副总理曾培炎、教育部原部长周济等领导的充分肯定。

重庆职业教育不仅促进了区域经济的发展，而且成为了城乡统筹发展、移民安稳致富的"国家战略"。重庆大力实施"职教移民、职教扶贫、职教富民"战略，近五年来，职业学校把75万余名农村地区新增劳动力培养成合格人才并顺利实现就业，开展移民职业技能培训50多万人次。2008年以来，《国务院关于推进重庆市统筹城乡改革和发展的若干意见》提出了职业教育发展的新要求，教育部、重庆市政府签订了《建设国家统筹城乡教育综合改革试验区战略合作协议》，教育部、国务院三峡办、重庆市政府、湖北省政府签订了《共建三峡库区职业教育和技能培训试验区协议》，使重庆职业教育成为了实现中国城乡统筹发展和三峡库区移民安稳致富的"国家战略"。

1.4　研究方法与技术路线

1.4.1　研究方法

1. 理论研究与实证研究相结合

本课题基于系统科学、教育学、资源配置、可持续发展等相关理论，如职业带理论、系统论、资源依赖理论、交易费用理论等，采用多学科交叉的研究方法，从理论和实证两个层面对北京职业教育与区域经济的配置状态开展系统研究。研究工作以实证为基础，综合运用文献调研、实地调研等方法，充分了解北京区域经济发展对职业教育的需求，在此基础上开展针对性的研究。

2. 定性分析与定量分析相结合

本课题在研究中采用定性分析与定量分析相结合的方法。从北京区域经济发展水平与职业教育人才培养层次结构、劳动力市场需求与职业教育规模以及北京的产业结构与职业教育专业结构定量分析北京职业教育与区域经济发展的互动关系。

3. 归纳比较与演绎分析相结合

运用归纳分析和比较分析的方法，通过对国内外相关的研究成果进行综述、归纳、分类和比较，总结出本课题的核心概念、主要观点等。在对北京职业教育的供求配置状态分析等问题进行研究时，以大职业教育观、人力资本理论、利益相关者理论、公共治理理论、现代组织理论和相关的基本概念、原则为基础，推理演绎出北京职业教育供求协调发展路径依赖。

1.4.2　研究技术路线

研究技术路线如图1-7所示。

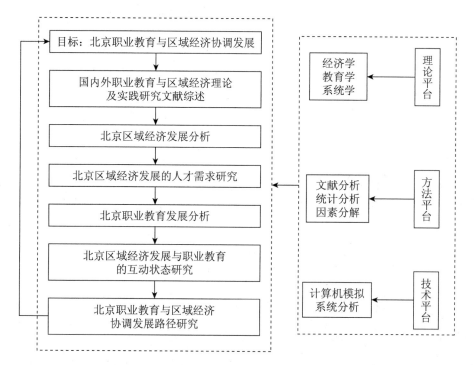

图 1－7　研究技术路线

2 研究的理论基础

由于本书旨在研究北京区域经济与职业教育协调发展路径的设计，这就必然要将本研究建立在区域经济发展理论、人力资本理论、职业教育发展理论和新制度经济学等相关理论基础之上。

2.1 区域经济发展理论

区域经济发展理论是关于区域经济发展的一般规律和协调发展规律的理论，是研究生产资源在一定空间（区域）优化配置和组合以获得最大产出的学说。生产资源是有限的，但有限的生产资源通过在区域内进行优化配置和组合可以获得尽可能多的产出。对区域内资源配置的重点和布局主张的不同以及对资源配置方式选择的不同，形成了区域经济平衡发展理论和区域经济不平衡发展理论。

2.1.1 区域经济平衡发展理论

区域经济平衡发展理论，是以哈罗德—多马新古典经济增长模型为理论基础发展起来的。两种典型代表理论，即罗森斯坦的"大推进理论"和纳克斯的"贫困恶性循环理论"。

1. 大推进理论

核心是外部经济效果，即通过对相互补充的部门同时进行投资，一方面可以创造出互为需求的市场，解决因市场需求不足而阻碍经济发展的问题；另一方面可以降低生产成本，增加利润，进一步扩大投资，消除供给不足的瓶颈。区域平衡发展理论不仅强调部门或产业间的平衡发展，而且强调区域间或区域内部各地区的平衡发展，即空间的均衡化。这一理论在空间布局上，主张在区域经济发展过程中应采取均衡发展战略，以最大限度缩小区域间的差距为区域发展目标；在发展手段上，主张在空间上均衡投资，均衡布局；在产业结构上，主张各产业部门均衡发展，齐头并进，形成综合性的产业结构。

2. 贫困恶性循环理论

该理论认为，落后国家存在两种恶性循环，即供给不足的恶性循环和需求不足的恶性循环，而解决这两种恶性循环的关键，是实施平衡发展战略，即同时在各产业、各地区进行投资，既促进各产业、各部门协调发展，改善供给状况，又在各产业、各地区之间形成相互支持性投资的格局，不断扩大需求。

因此，平衡发展理论重视区域间和产业间的关联互补性，主张在各区域、产业之间均衡部署生产力，实现产业和区域经济的协调发展。平衡发展理论的出发点是促进产业协调发展和缩小地区发展差距。但是，一般区域通常不具备平衡发展的条件，欠发达区域不可能拥有推动所有产业同时发展的雄厚资金，如果少量资金分散投放到所有产业，则区域内优势产业的投资得不到保证，不能获得好的效益，其他产业也不可能发展起来。即使发达区域由于其所处区位以及拥有的资源、产业基础、技术水平、劳动力等经济发展条件不同，不同产业的投资也会产生不同的效率，因而也需要优先保证具有比较优势的产业的投资。

2.1.2　区域经济不平衡发展理论

这一理论最早是赫希曼在 1958 年出版的《经济发展战略》一书中针对当时很有影响的平衡增长理论提出的。赫希曼认为，经济增长过程是不平衡的。该理论强调经济部门或产业的不平衡发展，并强调关联效应和资源优化配置效应。经典的区域经济不平衡发展理论有增长极理论、梯度推移理论和产业集群理论。

1. 增长极理论

增长极理论是一种区域不均衡发展理论。该理论认为，在不同的历史发展时期，不同产业具有不同的发展速度，经济增长往往相对集中在某些产业或行业，然后波及影响到与其相联系的其他产业或行业。这些快速增长的产业或行业就是区域经济发展的增长极。经济增长往往会以不同的强度、不同时间点出现在不同增长极上，然后通过多种方式、多种渠道由强到弱逐级传递并向外扩散，从而对整个经济产生影响。增长极理论丰富了非均衡经济发展理论的内容。但是关于增长极的数量、规模、区位与发生时间等内容不易确定，导致该理论在实际应用中难以实行。

2. 梯度推移理论

梯度推移理论也是一种区域经济不均衡发展理论。该理论认为经济结构调整、产业结构升级、社会生产力水平等都遵循由低到高的梯度转移规律。这种由低到高的梯度推移模式一定程度上在某些国家和地区的经济发展中得到了实践和证明。运用梯度推移理论，一些学者把我国东、中、西三大经济带分成了三个不同的梯度区，经济和产业布局通过在这三个梯度区的推移，就会逐渐缩小我国西部经济不发达地区与东部沿海经济发达地区之间的差距。

3. 产业集群理论

产业集群理论是一种新型的区域经济发展理论。产业集群是指在某一特定产业、行业中关系比较密切的企业和支撑单位，在空间上集聚并形成持续竞争优势的现象。产业集群的空间集聚优势主要表现为：一是不同企业分享公共基础设施，降低了生产成本，形成产业集群价格竞争优势；二是降低了产业集群内部各企业之间的交易费用；

三是有利于产业集群内部各企业促进知识、技术的创新和扩散。产业集群理论强调发挥集群内部各种资源要素的优势互补作用，注重资源整合的协同效应，强调技术进步与技术创新，追求适合区域特征的区域经济发展道路。

增长极理论和梯度推移理论均强调区域经济空间发展的不平衡性，认为在经济发展过程中，要在一定区域、产业、行业内集中资源，优先发展高梯度区域经济或增长极区域经济，然后逐步发展其他区域、产业、行业。这两个理论片面、静态地看待区域发展条件，忽略了人的能动性。而产业集群理论除摈弃了前两种区域发展理论的不合理因素、吸收了前两种理论的积极因素、强调区域分工的重要性以外，增加了更适合当前市场经济环境下的合理因素，突出技术进步、技术创新和协同效应，强调发挥区域内各种资源整合的作用，是一种适合中国国情的城市化区域发展理论。

2.2 现代人力资本理论

20 世纪 60 年代是人力资本理论开始形成的时期，也是人力资本与经济增长研究的转折点，人力资本以及人力资本投资开始为人们所重视，以舒尔茨、贝克尔等为代表的学者逐渐将其上升到理论高度，发展成人力资本理论。

2.2.1 舒尔茨的人力资本理论

主要观点如下。

（1）人力资本是通过投资而形成的资本。这些投资包括对受教育者进行教育和培训而发生的学校教育支出、在职人员培训支出等。

（2）人力资本沉淀存在于受教育者身上，主要表现为一个人的健康状况、知识技能和价值的总和。某个国家和地区的人力资本总额可以通过劳动者的数量和质量以及单位劳动时间来度量。

（3）人力资本投资是社会经济发展和增长的主要源泉和推动力。

（4）人力资本投资是各种投资中效益最好的投资。

人力资本理论是从教育经济学的角度研究教育学发展的基本理论依据，该理论解释了教育学与经济学之间的内在联系，带来了教育观念上的巨大变革，带动了许多国家的教育改革。人力资本理论的形成和发展对于职业教育产生了重要推动作用，职业教育作为现代教育的一种形式，是与经济社会发展联系最紧密的教育。

2.2.2 贝克尔的人力资本理论

贝克尔从家庭生产和个人资源分配的角度，贯穿效用最大化、市场均衡和稳定偏好的基本思想，系统地阐述了人力资本和人力资本投资的问题，为人力资本的性质、人力资本投资行为提供了具有说服力的理论解释。在他后来发表的《生育率的经济分析》和《时间分配理论》等重要文章中，贝克尔通过对家庭生育行为的经济决策和成本-效用分析，提出孩子的直接成本和间接成本、家庭时间价值和时间配置、家庭中市场活动和非市场活动的概念。贝克尔运用人力资本投资-收益的均衡模型，以家庭为基础，以时间价值的提高和对子女的质量需求为核心，对人力资本投资与经济增长关系进行了考察。这些针对家庭生产理论和时间价值与分配理论的研究为人力资本理论提供了微观理论基础，增强了其科学性和可操作性。

2.3 职业教育发展理论

职业教育的核心是教授职业知识和技能，培养社会劳动力，为社会经济的发展提供人力资本。对社会经济发展来说，人力资本是其基础性的决定因素，因为社会生产必定是有劳动力参与的社会生产。由此，可见职业教育与社会经济发展的关系，正是通过培养劳动力和吸收劳动力发生的，或者说是通过职业教育→人力资本→就业→生产而联系的。社会生产中需要受过职业教育的劳动力越多，所需劳动力受职业教育的年限越长，职业教育对社会的贡献也就越大，两者的关系越密切，回报率就越高。

国内外职业教育理论研究形成了一系列理念和观点。

（1）职业教育是一种区别于普通教育的教育类型，是为了使受教育者具备从事某种职业的知识、技能、技术而存在的一种教育形式，它的培养目标是为经济社会发展培养所需要的技术型、应用型人才。

（2）职业教育可以分为两大类别：一类是学校职业教育，一类是职业培训。这两个类别下面又分不同的层级。就学校职业教育来说，它是由初等职业教育、中等职业教育和高等职业教育三个层次构成的。就职业培训来说，它一般是由就业培训、岗前培训、下岗培训、在岗培训、转岗培训、升职培训等构成的。

（3）职业教育的发展目标是培养适应经济社会发展需求的高素质、技能型、应用型人才。

（4）职业教育具有教育对象的广泛性、培养目的的针对性、教育内容的职业性、教育方法的多样性、培养方式的终身性等特点。

（5）职业教育发展受政府因素、经济发展水平、经济结构调整、产业结构调整、就业结构调整等因素的影响和制约。

（6）职业教育发展应强化顶层设计，建立适应职业教育发展的现代职业教育体系。转变职业教育发展方式，从关注"规模发展"转向"内涵建设"，从抓"就业率"转向抓"就业质量"，从单纯"满足社会发展需要"转向"学生发展需要与社会发展需要"并重。

2.4 多元职能理论

多元职能理论由 20 世纪 80 年代哈佛大学认知心理学家加德纳提出，加德纳认为过去对智力的定义过于狭窄，未能正确反映一个人的真实能力。他认为，人的智力应该是一个量度他的解题能力（ability to solve problems）的指标，是人在特定情景中解决问题并有所创造的能力。他认为我们每个人都拥有八种主要智能：语言智能、逻辑—数理智能、空间智能、运动智能、音乐智能、人际交往智能、内省智能、自然观察智能。他提出了"智能本位评价"的理念，扩展了学生学习评估的基础；他主张"情景化"评估，改正了以前教育评估的功能和方法。加德纳的多元智能理论是对传统的"一元智能"观的强有力的挑战，为当今世界教育改革和素质教育实施提供了新的视角和理论指导。

多元智能理论的主要作用表现在如下方面。

（1）有助于社会形成正确的智力观。多元智能理论认为，人的智力具有广泛性和多样性，培养和发展学生各方面的能力同等重要。

（2）有助于转变教师的学生观。根据多元智能理论，每个人都有其特有的潜力和学习方法，对所有学生采取同样的教材和教法是不科学的，因此教师要善于发现每个学生的闪光点，有针对性地采取适合其特点的教学方法。

（3）有助于形成正确的评价观。多元智能理论认为，人的智能出多种能力构成，学校的评价指标、评价方式也应多元化。

（4）有助于形成正确的发展观。按照多元智能理论，学校教育应该让学生发现自己的优点和长处，树立信心，提高学生追求自身发展的兴趣。

2.5 现代就业理论

第二次世界大战以后，虽然凯恩斯主义为西方各主要资本主义国家所普遍接受和推行，但因为凯恩斯主义政策并没有从根本上消除资本主义社会所固有的矛盾，国家干预刺激生产的同时也为更严重的危机提供了条件，最终导致了 20 世纪 70 年代的经济停滞、失业同通货膨胀并存的滞胀局面。面临这种局面，为了解释并解决困扰资本主义经济的这一难题，各种新的理论、学说纷纷出现，呈现了出流派林立、观点迭出的景象。具体来讲，主要包括以下各理论流派。

2.5.1 后凯恩斯主义的就业理论

该理论的代表人物是托宾。托宾认为，结构性失业是现代发达国家常见的现象，其原因归结于产业结构的剧变引起的社会劳动力供给与需求的结构失调。为此，要解决失业问题单靠宏观的财政政策和货币政策是不够的，还必须运用劳动力市场和人力政策来实现充分就业。

2.5.2 货币主义的就业理论

该理论由弗里德曼提出，其核心是自然失业率假说。货币主义者认为，劳动力市场的运动趋势总是朝着自然失业率的方向发展，加速通货紧缩（或者加速通货膨胀）是实现自然失业率的有效手段，当然，他们也认为，货币政策在短期内对减少失业是有作用的，而在长期内则可能失效。对此，弗里德曼提出了单一货币规则，即货币供给量每年按固定比例增长，以此来提高可接受的通货膨胀率，从而减少失业率。与货币主义相类似，反对凯恩斯就业理论的还有供给学派和理性预期学派，但他们从某种意义上讲都是传统就业理论的复归，再次强调自由放任，反对国家干预。

2.5.3　发展经济学的就业理论

该理论由刘易斯、费景汉、拉尼斯、托达罗等学者提出，其主题是探讨发展中国家在二元经济结构发展模式下的就业问题。他们认为，经济的发展在于工业部门的资本积累，而资本是发展中国家的稀缺资源，但就业问题的解决要靠工业和农业两部门间的平衡发展。同时，他们认为，在发展中国家大量农村劳动力向城市的流动是经常发生的，这是由于城乡实际收入的差异和获得城市工作可能性的存在，劳动者是根据迁移的预期收入差异与迁移代价之间的比较来决策的。为此，该理论指出，要解决发展中国家的就业问题，就必须综合分析、统筹解决。可采取的措施：一是加速农村经济发展，减少城市的向心力；二是鼓励和促进劳动力市场的自由进出，保护劳动力市场的自由竞争；三是充分重视产业结构调整及各个部门之间比例关系的协调，认识其对解决就业问题的重要意义；四是采取比较密集的中间技术，制定适度技术政策，以适应广大发展中国家非熟练劳动力资源丰富、工资低廉的特点。

研究失业问题的根本原因以及寻找解决失业问题的妥善办法是西方就业理论形成的根本动因。

2.6　新制度经济学理论

制度经济学，是指以产权和制度为主要研究对象的当代西方经济学流派。也有学者将其称为以经济学方法研究制度问题的经济学流派。该学派的代表人物有科斯、威廉姆森、德姆塞茨、诺斯等。制度学派的经济学家们重视对非市场因素的分析，诸如制度因素、法律因素、历史因素、社会和伦理因素等，尤其是制度因素。他们以制度作为视角，研究"制度"和分析"制度因素"在社会经济发展中的作用，立足于个人之间的互动来理解经济活动。研究人和人之间的相互影响、相互利用、相互欺骗、相互敌对、相互竞争、相互合作和相互交易，这些"相互"加到一起就构成了通常所说的经济关系、生产关系或社会关系。

新制度经济学理论在研究方法论上的特性，启发了经济学家在分析经济效益时把经济理论与政治理论结合起来，把政治要素作为经济运行研究不可或缺的要素进行分析。可见，新制度经济学家研究制度的主要目的，是想用制度作为解释变量，去解释和预见人类的其他经济行为和经济现象。总之，对经济增长的研究离不开对制度创新和变迁的研究。在分工不断深化的经济生活中，交易环节不断增多，交易的成本也不断上升。而制度变迁和创新降低了交易成本，从而实现了日益复杂的交易活动。在日趋复杂的经济系统中，人们的经济交往极大地依赖大家可信赖的、相当规律的行为模式。协调活动要求具备关于人际交往和协调的一般的、抽象的和具有适应性的规则，简而言之，即需要制度。只有借助制度规则，协调才可能实施，经济发展的效率和水平才可能提高。传统的经济研究总是假定制度是不变的，在研究经济问题时没有考虑到制度因素。而在新制度经济学研究中，制度是核心。新制度经济学的方法拓宽了经济理论研究的广度和视野，尤其对一个处在转型期的社会，新制度经济学更是大有可为。

3 北京区域经济发展分析

3.1 北京市经济整体发展状况

北京作为全国的政治、文化中心，使其拥有了其他一般城市所无法比拟的资本、技术、人才等经济发展优势。近年来，根据《北京市国民经济和社会发展第十二个五年规划纲要》，北京市加快了地区重点产业建设，全市经济一直保持着高速增长，发展态势良好，经济总量和发展水平显著提升。

3.1.1 整体经济稳中有升

从全市经济总量的绝对量方面来看，根据 2015 年上半年的经济运行数据，北京市实现地区生产总值 10578.3 亿元，按可比价格计算，同比增长 7%，增速比第 1 季度提高 0.2%。分产业看，第一产业增加值为 55.6 亿元，下降 16.5%，降幅扩大至 15.9%；第二产业增加值为 1964.9 亿元，增长 4.3%，增速回落 1.3%；第三产业增加值为 8557.8 亿元，增长 7.9%，增速提高 0.7%。[①]。近年来北京市 GDP 总量、增长情况及主要经济区域城市 GDP 总量与人均 GDP 对比分别见图 3-1、表 3-1。

---

① 数据来源：2015 年上半年北京市全市经济运行情况统计分析，中商情报网，2015/7/31。

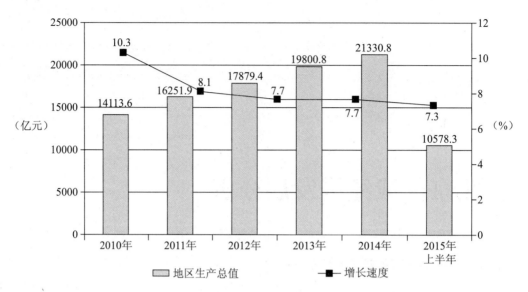

图 3－1　2010—2015 年北京市地区生产总值及增长速度

表 3－1　　　　　　　国内主要经济区域城市 GDP 总量与人均 GDP 比较

地区	经济指标	2010 年	2011 年	2012 年	2013 年	2014 年
北京	地区生产总值（亿元）	14113.58	16251.93	17879.40	19500.56	21330.80
	人均地区生产总值（元）	73856	81658	87475	93213	100864
天津	地区生产总值（亿元）	9224.46	11307.28	12893.88	14370.16	15722.47
	人均地区生产总值（元）	72994	85213	93173	99607	103655
河北	地区生产总值（亿元）	20394.26	24515.76	26575.01	28301.41	29421.20
	人均地区生产总值（元）	28668	33969	36584	38716	39846
上海	地区生产总值（亿元）	17165.98	19195.69	20181.72	21602.12	23560.94
	人均地区生产总值（元）	76074	82560	85373	90092	97131
江苏	地区生产总值（亿元）	41425.48	49110.27	54058.22	59161.75	65088.30
	人均地区生产总值（元）	52840	62290	68347	74607	81769
浙江	地区生产总值（亿元）	27722.31	32318.85	34665.33	37568.49	40154.00
	人均地区生产总值（元）	51711	59249	63374	68462	72901
广东	地区生产总值（亿元）	46013.06	53210.28	57067.92	62163.97	67792.24
	人均地区生产总值（元）	44736	50807	54095	58540	63215
重庆	地区生产总值（亿元）	7925.58	10011.37	11409.60	12656.69	14265.40
	人均地区生产总值（元）	27596	34500	38914	42796	47859

数据来源：2014 年中国经济统计年鉴，2014 年数据根据各地统计部门颁布的统计公告整理。

3.1.2 第三产业优势明显

产业结构是否合理直接关系到国民经济能否持续、快速和协调发展，而第三产业发展水平的高低衡量着一个国家或地区的现代化程度。近年来，北京"三、二、一"的产业结构不断强化，在第三产业占据主导地位的同时，以高端服务业为主的服务型经济特征更加明显。资料显示，2010 年北京服务业占全市经济的比重是 74.98%，2014 年服务业占 GDP 的比重达到 77.9%，其中，排在前五位的是金融业、批发和零售业、信息传输、软件和信息技术服务业、租赁和商务服务业、科学研究和技术服务业，占比分别为 15.4、11.5、9.7、8.0、7.8，五个行业的经济总量占第三产业的比重为 52.4%。

2014 年北京市三大产业占 GDP 比重及第三产业生产总值构成见图 3‑2。

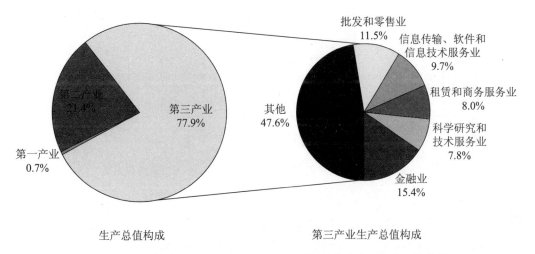

图 3‑2 2014 年北京市三大产业占 GDP 比重及第三产业生产总值构成

3.1.3 高新优势愈发突出

北京在"十二五"规划中提出"在全国率先实现创新驱动"。在加快推动创新上，北京拥有得天独厚的科技和人才优势，且不断加大科研经费的投入力度（见图 3‑3）。科研经费投入强度，指的是科研经费在国内或地区生产总值中的占比，是衡量主体自主创新、研发投入力度的一个重要指标。据国家统计局的数据显示，2013 年我国科研经费投入强度首次突破 2%，达 2.08%。而北京的科研经费投入强度在 2013 年达到了 6.1%，位列全国第一，为全国平均水平的近 3 倍[①]。目前北京已经形成了六大高端产业功能区，并已成为首都经济向"高端、高效、高辐射"方向发展的重要力量，成为国内外优质资本聚集的重要区域。中关村科技园区作为北京科技、智力、人才和信息资源最密集的区域，聚集了大批高技术企业，形成了以软件、集成电路、计算机、网

---

① 科研经费投入强度全国第一，北京日报，2014 年 12 月 22 日头版。

络通信等为代表的高科技产业集群，带动了首都经济结构调整和产业升级。金融街集聚了众多大型央企、金融机构总部，形成了以金融业为主导、高端商务服务业聚集、相关产业配套跟进的产业发展格局。CBD（Central Business District，中央商务区）以其特色商务经济、开放园区定位和高度国际化优势，吸引了众多知名跨国公司地区总部和国际性金融、保险、电信服务机构，以及法律服务、信息服务和咨询服务等现代服务企业，成为首都对外开放的重要窗口和综合商务集聚区。

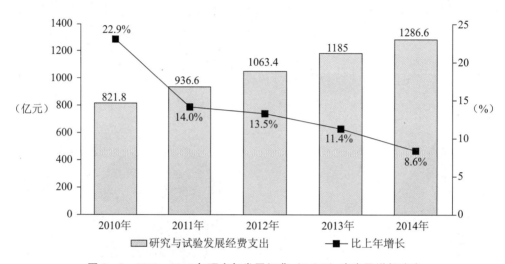

图 3-3　2010—2014 年研究与发展经费（R&D）支出及增长速度

3.2　北京市区域经济的特点

改革开放以来，北京市的经济快速发展，经济结构不断优化升级，产业素质逐步提升，目前现代服务业已成为支撑北京经济发展的重要力量，并呈现出如下特征。

3.2.1　服务主导型经济

作为首都的北京，近年来深入实施人文北京、科技北京、绿色北京战略，努力把北京建设成为国际一流的和谐宜居之都。2014 年 2 月，中央确定和强化了北京全国政治中心、文化中心、国际交往中心、科技创新中心的核心功能，按照上述城市定位，北京着力打造以包括金融、旅游、会展、文化创意、现代物流等的现代服务业为主导的第三产业。

第三产业比重高是发达城市的重要特征，也是地区经济平稳运行的重要保证。据悉，在美国、日本等发达国家，以服务业为主的第三产业比重均高达 70％以上。北京市第三产业在整体经济中的比重早在 2006 年就已达到 70％，2014 年则达到了 77.9％。目前，北京市第三产业的比重已经超过全国水平，占据了影响北京市国民经济的重要的支柱地位。随着产业结构的不断优化升级，北京现代服务业规模不断壮大。到 2015

年上半年，第三产业中的金融、信息、科技服务业等北京市的优势行业仍保持快速增长的势头。金融业实现增加值 2035.6 亿元，增长 19.4%；科学研究和技术服务业实现增加值 949.4 亿元，增长 12.5%；信息传输、软件和信息技术服务业实现增加值 1044.6 亿元，增长 10%，三者合计对全市经济增长的贡献率达到 73.3%[①]。

金融业被誉为国民经济的血液系统，金融体系的健康发展对经济发展的速度和实力起着重要作用。截至 2014 年年末，北京市金融机构（含外资）本外币存款余额达 100095.5 亿元，比年初增加 8435 亿元，增加额比 2013 年多 1846.2 亿元。2014 年年末全市金融机构（含外资）本外币贷款余额 53650.6 亿元，比年初增加 5661.4 亿元，增加额比 2013 年多 1082.7 亿元。全年证券市场各类证券成交额 232318.6 亿元，比 2013 年增长 59.2%，其中，股票成交额 85714.5 亿元，增长 39.2%；债券成交额 110657.5 亿元，增长 58.9%。2014 年年末证券市场累计开户数 587.5 万户，比 2013 年年末增加 23.9 万户。2014 年全年实现原保险保费收入 1207.2 亿元，比 2013 年增长 21.4%。其中，财产险保费收入 314.8 亿元，人身险保费收入 892.5 亿元。2014 年全年各类保险赔付支出 407.2 亿元。其中，财产险赔付 182.7 亿元，人身险赔付 224.6 亿元。2014 年金融业实现 GDP 3310.8 亿元，比 2013 年增长 12.3%，占地区生产总值的比重达到了 15.4%[②]。

文化创意产业是文化、科技和经济深度融合的产物，其发展规模和影响程度已经成为衡量一个国家或城市综合竞争力高低的重要标志。北京市在 2005 年明确提出要将文化创意产业作为首都经济未来发展的重要支柱之一，并相继出台了一系列的促进政策，对文化创意产业进行重点扶持和发展。目前，北京文化创意产业形成了软件、网络及计算机服务，新闻出版，设计服务和广播、电视、电影四大优势行业。2013 年，文化创意产业实现收入 12365.77 亿元，从业人员达 183.5 万人；2014 年全年文化创意产业实现增加值 2794.3 亿元，比 2013 年增长 8.4%；占地区生产总值的比重为 13.1%，比 2013 年提高 0.1%，成为仅次于金融、商贸服务业的第三大支柱产业[③]。

作为一座拥有 3000 余年的建城史和 850 余年的建都史的历史名城，北京是世界著名的旅游目的地。2014 年北京市旅游总人数达 2.61 亿人·次，同比增长 3.8%。全年接待入境旅游者 427.5 万人·次，其中，外国人 365.5 万人·次，港、澳、台同胞 62 万人·次。旅游外汇收入 46.1 亿美元，国内旅游收入 3997 亿元，国内外旅游总收入为 4280.1 亿元，同比增长 8.0%。旅游餐饮和购物额 2142 亿元，同比增长 4.8%，占全市社会消费品零售额的比重为 23.5%。截至 2014 年年底，北京市共有旅行社 1602 家。其中，有特许经营中国公民出境业务的旅行社 443 家。全市有导游证（IC 卡）的

---

① 北京上半年经济数据发布，稳中向好，同比增长 7%，人民网，2015 年 07 月 17 日。

② 北京市 2014 年国民经济和社会发展统计公报，北京市统计局，国家统计局，北京调查总队，2015 − 02 − 12。

③ 北京市 2014 年国民经济和社会发展统计公报，北京市统计局，国家统计局，北京调查总队，2015 − 02 − 12。

人员 39083 人，其中，中文导游 26726 人，英语导游 8263 人；出境领队 13666 人。全市住宿业、旅行社、旅游景点和乡村旅游接待四大行业直接从业人员为 35.9 万人[①]。

3.2.2 科技创新型经济

随着经济的不断发展，经济增长的主导要素逐渐从自然资源、劳动、资本转向科学技术。特别是高新技术在世界各国的运用，引发了产业结构的深刻变化，在这一过程中，知识密集型经济日益起着把技术进步转化为生产能力的作用，并强劲地推动着经济的增长。当前，我国经济发展进入新常态，国家加快实施创新驱动战略。习近平总书记高度重视中关村和北京市发展，把建设"全国科技创新中心"列为首都四大核心功能之一。

作为首都，北京是全国最大的科学技术研究基地，同时也是全国教育最发达的地区。大学、科研机构林立，天然拥有人才高度密集的优势。近年来，基于首都城市的战略定位，北京充分发挥全国文化中心、科技创新中心的作用，以高精尖、"总大外新"项目为中心，加大了对总部经济、高新技术产业、高端生产性服务业、高品质生活性服务业、高价值文化创意产业五大类"高精尖"项目的促进力度，在加快形成创新引领、技术密集、价值高端的"高精尖"经济结构的构建中走在了全国的前列。

根据北京市第三次全国经济普查主要数据公报显示，中关村国家自主创新示范区、金融街、北京商务中心区、北京经济技术开发区、临空经济区、奥林匹克中心区六大高端产业功能区以不足全市 10% 的平原面积、全市 10.0% 的法人单位，创造了全市 3 成以上的收入和利润。2013 年，六大高端产业功能区共有第二、第三产业法人单位 6.3 万个，比 2008 年年末增加 2.8 万个；从业人员 322.8 万人，比 2008 年年末增加 140.0 万人；实现收入 53034.3 亿元、利润 7143.1 亿元[②]。对全市经济增长的贡献率达到七成，成为全市经济向高端、高效、高辐射发展的重要引擎。信息服务业、金融服务业、科技服务业这三个行业增速明显高于第三产业的平均水平[③]。其中，截至 2014 年年末，中关村国家自主创新示范区投产开业企业 16001 个，比 2013 年年末增加 546 个。全年实现总收入 35735.6 亿元，比 2013 年增长 17.2%。在全年实现的总收入中，技术收入为 4775.2 亿元，增长 18.4%；新产品销售收入为 4188.4 亿元，增长 2.9%；全年出口总额 357.3 亿美元，增长 6.3%；实现利润总额 2832.3 亿元，增长 25.1%；全年研究与试验发展（R&D）经费支出 1286.6 亿元，比 2013 年增长 8.6%，相当于地区生产总值的 6.03%；全市研究与试验发展（R&D）活动人员 35.3 万人，比 2013 年增长 5.7%；专利申请量与授权量分别为 138111 件和 74661 件，分别增长 12.0% 和 19.1%，其中，发明专利申请量与授权量分别为 78129 件和 23237 件，分别增长

---

① 2014 年北京旅游业概况，北京市旅游发展委员会政策法规处，2015 - 01 - 27。

② 北京市第三次全国经济普查主要数据公报，北京市统计局，国家统计局，北京调查总队，2014 年 12 月 30 日。

③ 经济增长走出"北京特点"，北京日报，2014 年 12 月 22 日。

15.7％和12.3％；全年共签订各类技术合同67278项，增长7.2％，技术合同成交总额3136亿元，增长10.0％[1]。在对总部经济、高新技术产业、高端生产性服务业、高品质生活性服务业、高价值文化创意产业五大类"高精尖"项目的促进力度上有数据显示，2015年上半年共促成注册项目828个，注册资本折合人民币1426亿元，合同外资32.3亿美元，累计促成新注册企业上缴税收28亿元人民币[2]。

3.2.3 总部企业型经济

总部经济的概念是由北京市社会科学院总部经济研究中心主任赵弘研究员于2004年在国内首次提出的。他认为："总部经济"是指某区域由于特有的资源优势吸引企业在该区域集群布局总部，将生产制造基地布局在具有比较优势的其他地区，而使企业价值链与区域资源实现最优空间耦合，以及由此对该区域经济发展产生重要影响的一种经济形态。

总部经济是在全球经济一体化的背景下应运而生的，而北京在金融、人才、制度、环境等相关配套设施方面的独特优势促进了总部企业在北京的发展，企业总部加快聚集。据北京第三次经济普查结果显示，北京总部经济特征明显，全市总部企业达到3937个，占全市单位的0.6％；新认定跨国公司地区总部12家，累计达到139家；总部企业吸纳从业人员309.8万人，占全市从业人员的27.9％。总部企业的资产总计826827.5亿元，实现营业收入91284.4亿元，利润总额达到18307.5亿元[3]，其中，金融业、租赁和商务服务业、批发和零售业以及信息传输、软件和信息技术服务业位列前茅。在近日公布的《财富》杂志中，全球总部在北京的世界500强企业达到52家，包括央企、市属国企、大型民企、跨国公司在内的在京总部企业共7700多家，数量不到北京企业总数的6‰，但对GDP和税收的贡献超过50％[4]。经过多年的发展，北京市总部经济已经成为首都区域经济的主要特征之一。

3.2.4 信息消费型经济

互联网＋正在深刻地改变我们的生产方式和生活方式。今年的政府工作报告，李克强总理把互联网＋作为一项国家战略提了出来，不管是第三产业，还是第二产业，都在利用互联网的技术进一步改革生产流程、变革生产方式，通过这种结合创造更好的适合时代需要的一些产品。特别是基于互联网的网购，移动电子商务等网上销售目前发展速度迅猛。

2014年国家统计局对电子商务交易平台（简称电商平台）的电子商务交易活动展

---

① 北京市2014年国民经济和社会发展统计公报，北京市统计局，国家统计局，北京调查总队，2015－02－12。

② 首都优势促进"总部经济"，52家全球500强总部落地，北京凤凰财经，2015年08月10日。

③ 北京市第三次全国经济普查主要数据公报，北京市统计局，国家统计局，北京调查总队，2014年12月30日。

④ 首都优势促进"总部经济"，52家全球500强总部落地，北京凤凰财经，2015年08月10日。

开了调查。统计结果显示，2014 年我国全社会电子商务交易额达 16.39 万亿元，同比增长 59.4%。其中，在企业自建的电商平台（简称纯自营平台）上实现的交易额为 8.72 万亿元，同比增长 65.9%；在为其他企业或个人提供商品或服务交易的电商平台（简称为纯第三方平台）上实现的交易额为 7.01 万亿元，同比增长 53.8%；在既有第三方又有自营的混营平台（简称混营平台）上实现的交易额为 0.66 万亿元，同比增长 41.1%[①]。而据北京市统计局的数据显示，2015 年上半年，包含手机、电脑等信息的相关商品实现零售额 719.3 亿元，同比增长 56.9%，增速远高于全市平均水平，占全市零售额的比重为 15%，较 2013 年提高 5.1%。而传统商品如汽车类零售额同比下降 6.4%，降幅有所扩大，下拉全市零售额 1.3%，占全市零售额的比重为 17.3%，比 2014 年下降 1.6%，比 2013 年下降 3.6%[②]。在信息消费高速增长的同时，北京消费业态也在发生巨变，2015 年 1～7 月网上零售额为 9291435 万元，同比增长 37.0%，占社会消费品零售总额的比重达到了 16.4%[③]。从消费增长的拉动力看，信息相关商品增速远高于汽车、家电以及金银珠宝等传统商品，成为北京市互联网＋时代消费经济的驱动力。

3.2.5 区域中心型经济

"十一五"期间，北京经济发展保持较快增长，特别是 2008 年北京奥运会的举办，极大地提升了城市经济发展水平，推动了产业结构的优化升级，城市竞争力优势明显。北京国际城市发展研究院（IUD）对"十一五"中国城市价值进行的一项综合调查研究表明，北京市综合竞争力指数位居全国第三位。2015 年 3 月，北京市统计局、国家统计局北京调查总队发布 2014 年全市人口发展形势报告。数据显示，2014 年年末，全市常住人口为 2151.6 万人，全市常住外来人口为 818.7 万人，人均水资源量仅为 102 立方米，人口拥挤、资源匮乏和环境污染等使北京发展面临着严峻的挑战。

2014 年 2 月，习近平总书记在北京考察时就推进北京发展和管理工作提出了要求，指出要明确城市战略定位，坚持和强化首都全国政治中心、文化中心、国际交往中心、科技创新中心的核心功能。如何有序疏解北京非首都功能，调整经济结构和空间结构，走出一条内涵集约发展的新路子，探索出一种人口经济密集地区优化开发的模式，促进区域协调发展，摆在了北京市领导的面前。2014 年 4 月 30 日，中共中央政治局审议通过的《京津冀协同发展规划纲要》，为推动京津冀协同发展，破解经济掣肘提供了根本之策。

京津冀地区面积 21.6 万平方公里，人口 1.1 亿人，占中国 960 万平方公里总面积的 2.3%，占 13.7 亿总人口的 8%。2014 年京津冀三地经济总量和人均 GDP 数值分别为 21330.80 亿元、15722.47 亿元、29421.20 亿元和 100864 元、103655 元、39846

---

① 国家统计局发布，2015 - 08 - 03。

② 北京上半年经济数据发布，稳中向好，同比增长 7%，人民网，2015 年 07 月 17 日。

③ 北京市统计局，国家统计局，北京调查总队，2015 - 08。

元，见图3-4。同时，纵观京津冀产业结构布局，可以看出，在京津冀三地的产业结构中，北京近80％为第三产业，高度聚集了科技和金融产业；天津则是第二产业和服务业均接近50％；河北则仍有将近12％的农业，近50％的第二产业。优势互补、协同发展不仅有利于推动北京、天津、河北三个地方的经济发展，而且能够进一步拓展我国区域发展空间，对我们国家今后的工业化、城镇化建设产生深远的影响。根据京津冀协同发展规划总体布局和城市定位，三地产业结构需要经历一次大规模重构。中共北京市委十一届七次全会表决通过了《中共北京市委北京市人民政府关于贯彻〈京津冀协同发展规划纲要〉的意见》，确定了北京贯彻协同发展国家战略的时间表和路线图：推进交通一体化发展、加强生态环境保护、推动产业升级转移，是今后北京市大力发展的三大重点领域。结合首都地位、科技、人才的优势，从经济综合实力上看，北京在环渤海经济圈中占据着龙头的地位，理所当然是京津冀区域经济的发展中心。

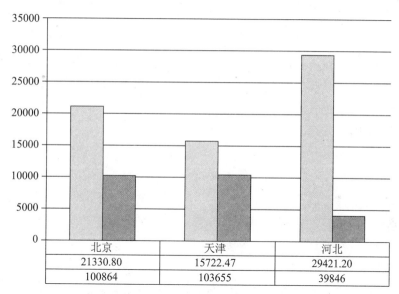

图3-4　2014年京津冀三地经济发展总量指标对比

3.3　新常态下北京区域经济的发展

3.3.1　北京市"十二五"规划的主要内容亮点

《北京市国民经济和社会发展第十二个五年规划纲要》为北京转变经济发展方式，全面推进人文北京、科技北京、绿色北京建设、加快向世界城市迈进描绘出了一幅美好的蓝图。规划明确提出，北京要通过积极培育高端产业功能新区，提升高端产业功能区辐射力，把北京建设成为国家创新中心；构建"两城两带、六高四新"的创新和产业发展空间格局，为高端产业的发展提供重要的支撑载体；大力发展文化创意产业，全力打造文化之都，提升城市的软实力等，围绕服务经济、总部经济、知识经济、绿色经济的首都经济特征，使首都经济走上高端引领、创新驱动、绿色发展的轨道。

1. 建设国家创新中心

"创新驱动发展"首次在北京的五年规划中单独成篇，并且摆在了"十二五"规划总体目标的第一部分，显示了创新的分量，也表明了北京今后的发展目标。作为全国首善之地，北京市的创新资源十分丰富，高等院校、科研院所、国家重点实验室、科技成果等在全国都处于前列，因此，全面实施"科技北京"战略有着强大的支持基础。

（1）加大政府资金支持力度

"十二五"规划提出要把北京建设成为国家创新中心，持续推进竞争力提升，更好地服务于区域和全国创新发展。在创新发展领域，北京市由以直接补贴、贷款贴息等投入为主，向支持发展创投基金、创投引导基金、股权投资基金等转变，采用市场化方式计划五年内统筹 500 亿元财政资金，支持国家科技重大专项、科技基础设施和重大科技成果产业化项目。同时，从以支持研发为主向支持研发与提供市场并重转变，完善政府采购自主创新产品相关制度，不断扩大采购比重和范围，积极争取将更多的北京创新产品列入国家政府采购目录，促进新技术、新产品的应用和推广，计划五年内采购总额超过 300 亿元。加强规划建设服务，促进创新资源合理布局，为创新发展提供基础条件和有力支撑。

（2）完善人才培养和激励机制

建设国家创新中心，没有创新人才是不可能实现的。为此，北京市认真落实国家和本市人才发展规划，落实"千人计划"、"北京海外人才聚集工程"和"中关村高端人才聚集工程"，在全球范围内招纳和吸引高端领军创新人才和高层次创新人才，并在户籍、出入境、医疗和保险方面提供便利，使北京成为世界人才的聚集地。

依托在京国家重大科研项目、重大工程、国际科技合作项目以及重点学科和科研基地建设，加强人才联合培养、融合发展，完善人才在企业、高等院校、科研院所之间的双向流动机制，形成一批懂技术、善管理，具有国际化视野的复合型创新人才和团队。

通过加大政府奖励和实行股权、期权、年薪制等多种方式，增强对关键岗位、核心骨干人才的吸引和激励，营造尊重人才的社会环境，促进优秀人才脱颖而出。

（3）完善科技与资本对接机制

通过设立战略性新兴产业创业投资引导基金、股权投资基金，进一步扩大信用贷款、信用保险、股权质押贷款、知识产权质押贷款的规模，完善再担保机制，支持小额贷款机构发展，推动科技保险试点，完善面向科技企业的金融服务，构建起覆盖技术创新和产业发展全过程的多功能、多层次金融服务体系。

同时，大力支持境内外股权投资、创业投资机构在京聚集和发展，支持企业利用资本市场实施高科技企业并购重组计划，进一步扩大和完善中关村代办股份转让试点，在资本市场形成更具影响力的"中关村板块"，推动科技金融产品和服务创新，把中关村建设成为全国科技金融创新中心。

（4）聚集整合高端创新资源

深化国际创新合作，积极吸引国外大型企业、国际知名实验室设立研发机构，发展区域性和国际研发总部，引进由战略科学家领衔的研发团队，建设具有世界一流水平的科研机构，加强引进技术的消化、吸收及再创新。

加强与高等院校和科研院所的全面合作，鼓励与企业联合共建工程中心、工程实验室和技术中心。积极承接和推进国家重大科技专项和科技基础设施，在后 3G 移动通信、物联网、超级计算、云计算、新能源汽车、航空航天及卫星应用等领域攻克核心关键技术，为国家布局战略性新兴产业提供科技支撑，形成更多的创新成果。

支持民企、新型产业参加国家重大科技项目；开展关键技术应用和示范，围绕国家重大科技基础设施建设，提高基础研究以及相关教育的投入，支持开展城市环境、能源科学、安全健康、新型材料等领域的基础研究，夯实创新基础。大力支持企业牵头组建产业联盟、技术联盟、标准联盟等新型产业组织，加强行业关键共性技术的研发。

（5）全力推进创新成果产业化

坚持以市场需求为导向，特别是瞄准经济社会和城市发展的重大紧迫需求，着力完善以企业为主体的产学研用一体化的创新体系，显著提高科技创新成果转化和产业化水平。

通过实施知识产权战略，完善知识产权的激励和保护机制，推动知识产权创造、管理、保护、应用相结合，促进知识产权的有效转移和转化实施，使其成为企业提高成长性与竞争力、培育新业态与制定新标准的重要基础和手段。实施标准化战略，搭建标准创新和检测认证公共服务平台，开展中关村国家自主创新示范区标准创新试点，推动标准创制和实施。

此外，健全重大科技成果发现、筛选机制，建立重大项目落地协调服务的市区联动机制，支持建设重大项目投融资平台和产业化基地。探索完善高等院校、科研院所等研究机构承担重大专项课题成果的转化机制。建立军地科技成果转化协调机制，促进军民融合式发展，提升创新和成果转化能力。

（6）强化教育战略支撑作用

充分发挥教育对推动创新、培养人才的基础性作用，推进首都高等教育内涵发展，扩大高校办学自主权，把创新人才和高技能人才培养作为高等教育学校评价的重要因素，推动教学资源向教学一线倾斜，大力提升首都高等教育的人才培养、知识创新和社会贡献能力。继续支持在京高校建设世界一流大学和高水平大学，支持一批重点学科建设和科学研究。建立市属高校分类发展评价体系，引导高校科学定位、特色发展。

支持高等院校建设一批重点实验室、工程研究中心和哲学社会科学研究基地，支持工科院校建设新兴技术研究院，鼓励高等院校与海内外高水平教育科研机构、著名企业建设联合研发基地，进一步提升大学科技园发展水平，构建北京高校科技创新体系。引导高等院校围绕城市经济社会发展中的重大问题开展科研攻关。增强高等院校研发创新能力，为国家和首都的持续发展提供高端人才支撑和科技智力服务。

2. 构建产业结构与经济新格局

北京市"十二五"规划提出要构建"两城两带、六高四新"的产业结构与经济新格局，这八个字为北京"十二五"期间的产业结构调整优化、科技创新和产业发展奠定了坚实的基础。

"两城"都位于北京市的北部，一座是中关村科学城，另一座是位于昌平的未来科技城。其中，中关村科学城是由中关村南路、知春路和学院路构建起的 H 形地带，由以中关村大街为核心的"中关村生命科学与新材料高端要素聚集发展区"、以知春路为核心的"中关村航空航天技术国际港"、以学院路为核心的"中关村信息网络世纪大道"组成，将成为战略性新兴产业策源地、体制机制创新前沿阵地、科技成果转化辐射源和区域创新的先行示范区。规划中的未来科技城区域位于天通苑北规划路以北，立汤路与京城高速路中间的地方，主要突出生态环保、科技的示范作用，将聚集的中央企业，打造成为具有国际影响力的大型企业集团技术创新和成果转化基地。

"两带"则是一南一北的布局，指的是北部研发服务和高新技术产业发展带、南部高技术制造业和战略性新兴产业发展带。在南部地区，通过落实"城南行动计划"，打造经济技术开发区高技术制造业和战略性新兴产业发展带，整合以亦庄、大兴为主体的城南产业空间资源，拓展北京经济技术开发区范围，同时，房山和丰台也将助力，并带动房山高端制造业基地的联动发展。这一规划将南部的功能区连接在了一起，为首都新机场、丽泽金融商务区、实化性材料产业基地等重点项目的建设提供了支撑。北部研发服务和高新技术产业发展带，则以海淀区平原地区、昌平区南部地区为重点，进一步释放目前的高校、央企等高端要素和资源，建设"生态良好、产业集群、用地集约、设施配套、城乡一体"的服务和高技术产业聚集区。

"六高"在"十一五"期间就已经提出，它指的是中关村国家自主创新示范区、北京 CBD 商务中心区、金融街、奥林匹克中心区、北京经济技术开发区和临空经济区六大高端功能区，其中，奥林匹克中心区是最新的，它将主打文化创意产业，国家文化馆、国学馆也将在这里落户。"十一五"期间，中关村国家自主创新示范区、金融街、经济技术开发区、商务中心区、临空经济区、奥林匹克中心区这六大功能区发展趋于成熟，不仅为北京市 GDP（生产总值）增长提供着强劲动力，也提升了总体经济质量。据北京市发改委统计，这六大产业功能区总面积 472.5 平方千米，在北京平原面积中仅占 7%，却在"十一五"期间聚集了全市近四成的 GDP 和资产，实现了全市四成以上的利润和税金，每平方公里创造的增加值近 10 亿元之巨。其中，中关村国家自主创新示范区以 2010 年 1.5 万亿元的经济收入无可置疑地成为这"六高"的龙头，起到了示范和引领作用。因此，加强六大高端产业功能区建设，提升高端产业功能区辐射力，发挥集聚式发展的好处和能量，能使其成为全市高端产业发展的重要载体。

　　"四新"指的是通州高端商务服务区、丽泽金融商务服务区、怀柔文化科技高端产业新区、新首钢高端产业综合服务区。其中,通州高端商务服务区将依托新城开发,重点发展总部经济、高端商务、康体医疗、文化传媒、会展培训等产业,积极吸引侨资总部落户,建设成为彰显国际新城形象的特色高端商务服务区。丽泽金融商务服务区引导金融信息咨询、文化金融、新兴金融机构及商务总部等要素集聚,强化要素交易功能,形成比较优良的新兴金融业发展的商务环境,打造具有全国辐射力的新兴金融功能区。北京市也想通过丽泽金融商务区的建设,一方面承接新的金融产业落地,另一方面也能够带动南城的发展。怀柔文化科技高端产业新区则以雁栖湖生态示范区、中科院研究生院、中影基地等为重点,大力发展会议休闲会展业、科技研发业、高技术产业和文化创意产业,构建具有国际高端水平、特色鲜明、综合竞争力强的文化科技高端产业功能区。坐落在永定河畔的"新首钢高端产业综合服务区"是北京西部发展的核心区,在面积相当于两个 CBD 大小的首钢老场区将建成吸引制造业企业总部和研发的中心。搬迁调整后的首钢主厂区及周边石景山、门城地区,重点发展文化创意产业、高技术产业、生产性服务业等产业,吸引制造业企业总部和研发中心落户,努力成为产业转型升级的示范区,成为首都创新驱动的承载平台及最有活力的区域之一。"四新"的提出分别将通州、首钢、丽泽、怀柔相关功能区纳入了城市经济高地的范畴,这必将成为未来北京经济发展的新引擎。

　　纵观北京市"十二五"规划,功能区由点及面的经济辐射作用越发明显,产业布局和城市形态走向了不断完善的新阶段。"十二五"规划对区域功能进行了明确定位,在北部地区,以推动中关村科学城与未来科技城为着力点,打造以海淀和昌平为依托的北部研发服务和高新技术产业聚集区;在东部地区,聚焦通州新城建设,推动临空经济创新服务中心建设,发展高端商务、现代物流和战略性新兴产业;在南部地区,落实"城南行动计划",打造以经济技术开发区和大兴区整合后的空间资源为依托的南部新兴产业聚集区,抓好首都新机场、丽泽金融商务区等重点项目建设;在西部地区,推进永定河生态发展带建设,打造新首钢高端产业综合服务区。整个规划通过实现东南西北功能定位,将资源整合优化配置,使功能区在区域经济中发挥更大的作用,从而提升"北京创造"、"北京服务"的竞争力。

　　北京高端产业新区如图 3-5 所示。

图 3-5　北京高端产业新区

3. 打造文化魅力之都

文化是城市的灵魂和魅力所在。经过多年的高速发展，北京在"硬实力"特别是经济总量上已与不少国外发达城市相差不远，但在"软实力"上却还有不小差距。从自身条件看，北京作为有着 3000 多年历史的文化古都，具有深厚的历史文化底蕴，文脉延绵。文化、历史的辉煌不仅发挥着凝聚和创造的力量，更成为今天的财富和明天的希望。在《北京市国民经济和社会发展第十二个五年规划纲要》中，"文化彰显魅力"第一次独立成章，做出了建设世界文化名城的决策部署，从提升软实力的角度围绕北京"政治中心、文化中心、国际交往中心、科技创新中心"的定位，确立了又一战略重点。

这一战略重点旨在将北京的传统文化资源和经济硬实力与科技创新能力等优势相结合。"十二五"期间，北京在着力于提升软实力，包括文化创意产业、金融服务和科技创新等的同时，将着重围绕着"一轴一线"集中力量重构历史文化魅力走廊。其中，"一轴"即中轴线，南起永定门，北至钟鼓楼，长约 7.8 千米；"一线"则指西起阜成门，东至朝阳门，长约 7.45 千米的朝阜大街，这是元大都布局的基准线之一，也是北京城横贯东西的景观走廊。北京南北中轴线和朝阜大街以其独特的历史地位和丰富的文化遗存共同构成了千年文化古都风貌的骨架。"十二五"时期，在融入现代文化的基础上，通过重现古都风貌，北京将成为集中展现古都历史文化，富有鲜活时代气息，充满人文关怀、人文风采和文化魅力的城市。

　　在城市功能区的规划及城市管理方面，文化创意产业功能区布局也在稳步推进。现在，东城、西城、朝阳、海淀四个城区已成为北京发展文化创意产业的重镇，从整体上看，一批特色产业聚集区正在逐步形成，并呈现出不同的发展模式。对北京市文化创意产业的布局与规划，按照北京历史和现代文化资源结构看，中轴线文化和两翼文化形成合理的布局。中轴线是北京历史文化区，以历史文化旅游为特色；北端以奥运体育、演展文化为重点；南端为国家新媒体产业基地，以影视、动漫游戏、网络出版原创为基础；左翼是中关村科技教育创新中心和石景山数字娱乐体验中心；右翼为以大山子为中心的现代艺术区和国际传媒贸易中心。北京文化创意产业聚集规划具体体现在对产业园区的建设与分布上，如中关村创意产业先导基地、北京数字娱乐示范基地、大山子艺术中心、德胜园工业设计创意产业基地、东城区文化产业园、国家新媒体产业基地。

　　在城市形象展示及文化传播方面，北京市积极推进文化与科技、资本及其他产业的融合发展，进一步强化文化创意产业的支柱地位；落实大旅游发展理念，将旅游业发展成为重要的支柱产业，打造国际一流旅游城市。北京市围绕着"调结构、强吸引、增效益"的主线，以加快入境旅游发展为战略关键，以开发高端、特色旅游产品为主攻方向，大力挖掘北京皇城文化、老北京民俗文化等传统文化旅游资源，开辟以名人故居、会馆、胡同和传统街区为核心的历史文化旅游街区，以及北京胡同游等京味文化主题旅游项目；同时，充分利用北京六大世界文化遗产，打造登基大典（故宫）、祭天大典（天坛）等一批面向高端消费需求的衍生旅游项目，加大世界遗产周边区域特色资源的开发力度（如著名王府、什刹海、大栅栏、八达岭长城、慕田峪长城、司马台长城等），形成更多的旅游新热点，增强六大世界文化遗产的吸引力和旅游价值。

　　此外，依托本市高等院校、科研院所、科技园区、工业设施众多的资源优势，发展校园观光、科技观光、科教文化体验、工业旅游等旅游服务，推动特色文化旅游发展，促进发展参与式、体验式等新型业态。例如，依托中国动漫游戏城、国家动画产业基地、国家演艺中心、文化主题公园等一批骨干文化项目的规划建设，创新发展特色文化旅游产品和项目；依托北京奥林匹克公园、首钢等特色资源，建设大型文化创意旅游产业功能区；依托首都功能核心区深厚的历史文化底蕴和丰富的旅游资源，结合四大会展核心功能区（新国展、国家会议中心、国展-农展馆、首都会展/大兴）、六大会议业主导的会展产业集聚板块（怀柔雁栖湖、密云龙湾水乡、昌平小汤山、海淀稻香湖、丰台青龙湖、石景山首钢）的培育和建设，将文化与旅游、会展产业结合，大力发展文化创意旅游，加快会展旅游产品开发，赋予旅游、会展产业更多的文化内涵，提升旅游、会展业的发展质量。通过国际会展旅游市场的开拓、品牌展会的发展与培育、国际影响力重大的会议与节事活动的申办与组织、会展专业人才和队伍的建设等举措，显著提升北京首都特色会展旅游产品的吸引力和竞争力。

　　通过旅游资源和旅游要素的整合，优化旅游功能空间，提升城市的旅游综合服务功能，全力打造文化品牌，增强文化软实力，增强北京旅游的国际吸引力和核心竞争力，为北京市深入实施"人文北京、科技北京、绿色北京"战略，建设成为国际一流的和谐宜居之都提供不竭的精神动力。

"十二五"期间北京市引擎性旅游项目分布如图 3-6 所示。

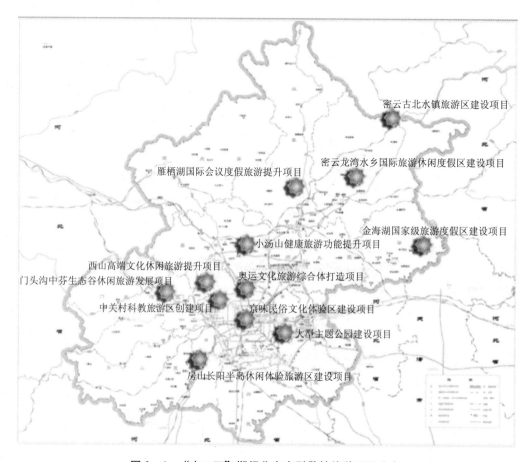

图 3-6　"十二五"期间北京市引擎性旅游项目分布

3.3.2　当前北京区域经济发展面临的新形势

1. 经济和社会发展呈现新常态

2014 年 5 月，习近平总书记在河南考察工作时第一次提及新常态："我国发展仍处于重要战略机遇期，我们要增强信心，从当前我国经济发展的阶段性特征出发，适应新常态，保持战略上的平常心态。"在 2014 年 11 月出席亚太经合组织（APEC）工商领导人峰会时，习近平总书记对中国经济呈现出的新常态进行了总结，归纳了几个主要特点。一是经济增速换挡回落，从过去 10% 左右的高速增长转为 7%～8% 的中高速增长，这是新常态的最基本特征。二是经济结构不断优化升级，产业结构方面，第三产业逐步成为产业主体；从全国范围来看，2013 年，中国第三产业（服务业）增加值占 GDP 的比重达 46.1%，首次超过第二产业；需求结构方面，消费需求逐步成为需求主体；2012 年，消费对经济增长的贡献率自 2006 年以来首次超过投资；城乡区域结构方面，城乡区域差距将逐步缩小；收入分配结构方面，居民收入占比上升，发展成果惠及更广大民众。三是中国经济新动力从"要素驱动"、"投资驱动"转向通过技术进步提高劳动生产率的"创新驱动"。新常态既是新兴经济体发展的新环境、新要求，又是新兴经济体提质增效、创新发展的新动力。

从世界范围来看，当今世界正在发生深刻变化，经济全球化深入发展，科技创新孕育新的突破，国际市场分化组合，特大城市在全球网络中扮演着日益重要的角色。从全球城市发展历程来看，核心大城市都是服务型经济发达的城市。因此，作为国家首都的北京，伴随着发展阶段的变化，需要以更宽阔的视野审视发展，以世界城市为坐标系定位发展，首都也将大力推动工业经济向服务型经济转变，发展服务经济、总部经济、平台经济等新的经济形态，推动产业向价值高端化、体量轻型化、生产清洁化发展，在更高层次上参与全球分工，从而促进首都经济结构更加优化、高端、集聚、融合、低碳。

2. 新常态对经济和社会发展的新要求

（1）加快开放竞争格局的调整步伐

全球经济发展呈现出技术性和信息的趋势，国际市场分化组合加快了资源在不同地域的流动及产业的调整。在全球经济转型期，发展高端服务贸易，为北京提升在全球分工中的地位带来了机遇。北京有着得天独厚的发展优势，主要表现为首都属性、历史名城、高校云集、商贸中心、基础设施相对完善等，在上述优势下，必须加快开放竞争格局的调整，注重对技术的创新和应用，如科研成果的落地应用、新型电子商务技术和平台的应用，在更高层次上参与全球分工。

（2）促进经济发展方式的深度转变

国内外产业变革和调整加快进行，资源环境压力正在转化为科技创新的强大动力。首都经济在服务业主导格局总体确立、消费拉动作用日益突出之后，面临着发展动力转换、产业结构深度调整和升级的任务，需要更加注重高端引领、创新驱动、绿色发展，走技术含量高、经济效益好、资源消耗低、环境污染少、人力资源优势得到充分发挥的科学发展道路。

（3）完善城市经济发展的战略布局

国家区域发展总体战略深入实施，城市群加快形成，对核心城市发展提出了更高的要求。北京城市发展战略布局总体架构已经确立，开始进入调整完善的关键阶段。推动城市发展逐步走向成熟，需要更加注重总结把握特大型城市在建设、发展、布局、管理上的规律，立足更大空间范围塑造城市，持续推进城镇体系和功能布局完善，促进均衡协调发展，增强对自身发展的战略支撑和对区域的辐射带动。

（4）适应社会转型的不断加速

发展水平持续提升，推动多层次社会需求的不断涌现，促使社会结构和形态深刻变化，不同社会群体的价值取向和利益诉求更趋多元。顺应人民过上更好生活的新期待，需要把保障和改善民生摆在更突出的位置，整体提升社会福祉，更加重视社会管理方式的创新和公共政策的协调适应，促进不同群体利益的均衡与协调，更好地引导社会和谐。

（5）提升城市整体的竞争实力

发展的竞争不仅表现为硬实力的竞争，还表现为软实力的竞争。伴随着全球化、信息化的深入发展，软实力竞争已经成为城市竞争力的核心要素。需要把推动文化发展、提升城市管理作为城市发展的重要战略，充分发挥文化引导社会、教育人民、推动发展的功能，把握特大型城市运行管理的规律，以文化、管理等软实力的提升促进城市竞争力新的提升。

（6）打好全面改革的攻坚战役

发展环境和发展阶段的深刻变化，对深化改革提出了更为迫切的要求，深层次利益调整使改革面临着更为复杂的抉择。需要以更大的决心和勇气，全面推进各领域改革，更加重视顶层设计和总体规划，更加重视制度创新和策略选择，为科学发展提供有力保障。

3.3.3 经济新常态下北京区域经济的挑战与机遇

1. 经济新常态下北京区域经济发展面临的挑战

近年来经济增长的势头放缓，传统的经济增长方式遇阻，从以外需为主导转变为内外需并重，中国经济进入新常态后的深刻变化，给我们带来了一系列新的挑战。

（1）资源环境制约日益加剧

随着工业化、城镇化进程的加速推进和城市建设规模的扩大，人口仍将维持刚性增长。据统计资料显示，截至 2014 年年末，北京市常住人口为 2151.6 万人，比 2013 年年末增加 36.8 万人。其中，常住外来人口 818.7 万人，占常住人口的比重为 38.1%。城市人口规模的过快增长给资源平衡、环境承载、公共服务和城市管理带来了严峻挑战。城市运行的基础设施承载力和公共需求常常处于满负荷的状态，特大型城市建设和运行管理的压力更加凸显；社会结构变化更加复杂，教育、医疗、健康、住房、社会保障、收入分配和人口老龄化等问题日益成为社会关注的焦点，多元利益诉求协调难度加大。同时，庞大的人口对土地、资源、能源等的需求也呈刚性增长态势，经济发展与资源环境之间的矛盾加剧。交通拥堵、雾霾天气、垃圾治理等困扰人们生活的问题日益突出，保障城市常态安全运行和应急协调面临着更大的考验。日益加剧的人口、资源和环境压力已成为制约首都可持续发展的迫切问题。

（2）经济发展方式仍需转变

科技的发展，国内地区间对高端要素和产业资源的竞争日益加剧，加速经济发展方式由以要素投入、投资投入为主向以科技创新为主转变。创新体制机制不完善、成果转化率低，导致北京科技、文化、教育、人才等资源优势没有得到充分发挥，转变经济发展方式尚未取得突破性进展，深入调整结构、实现创新驱动发展需要付出更大的努力。目前，北京地区研发投入中的企业资金仅占 40% 左右，而全国平均为 76%。

新的经济增长点仍在挖掘和培育当中，经济发展的内生动力不足。此外，服务业的内部结构仍需优化，高技术制造业和战略性新兴产业竞争力仍不够强，关键核心技术和标准比较缺乏，导致主导产业竞争力严重不足。未来，仍需强化创新驱动的辐射、提升、带动作用。

（3）互联网经济倒逼产业转型

2015年政府工作报告首次提出制定"互联网＋"的行动计划，并将其上升为国家战略。"互联网＋"行动计划，其核心要点是利用互联网的平台，利用信息通信技术，推动移动互联网、云计算、大数据、物联网等与现代制造业结合，促进电子商务、工业互联网和互联网金融的健康发展，引导互联网企业拓展国际市场。互联网的发展与传统行业的有机融合，催生出无数的新兴行业，随之而来的还有商业机会的增加和消费模式的改变。比如，互联网＋金融激活并提升了传统金融，创造出包括移动支付、第三方支付、众筹、P2P网贷等模式的互联网金融，使用户可以在足不出户的情况下满足金融需求。互联网＋不仅在第三产业全面深化，而且正在向第二、第一产业突破，工业互联网正在从消费品工业向装备制造和能源、新材料等工业领域渗透，全面推动传统工业生产方式的转变，互联网＋工厂＝智能工厂，制造业的"互联网＋"行动计划是现代制造业与移动互联网、云计算、大数据、物联网的结合，令现代制造业管理更加柔性，更加精益制造，可以压缩库存，甚至实现零库存，不仅加速了资金的周转速度，而且贴合市场需求进行生产，从而避免了过剩产能的出现，优化了资源的配置。互联网＋农业、互联网医疗、互联网教育……互联网市场的强劲增长将倒逼传统产业进行转型升级。

（4）服务型政府理念有待强化

随着北京进入后工业化阶段，北京GDP由过去的追求数量转变为要求提升经济发展质量，但观念的转变不可能一蹴而就。当前城乡之间、社会各阶层之间的流动性日益增强，社会结构深刻变化，不同社会群体的价值取向和利益诉求更加多元化。因征地拆迁、劳资纠纷、教育医疗改革、城乡结合部改造等因素产生的不满情绪导致矛盾增多，给首都城市治理和经济发展提出了新的挑战。

2. 经济新常态下北京区域经济发展面临的机遇

经济新常态是与GDP导向的旧经济形态与经济发展模式不同的新的经济形态与经济发展模式。这个转变过程在带来新的挑战之际也必然孕育着新的机遇。

（1）科技创新助推产业高端化

产业升级是指产业从低端向高端转化，从低附加值向高附加值转化，从资源和劳动密集向技术和知识密集转化。经过近年来的经济结构调整，目前北京的经济格局已由原来主要发展农业、一般性制造业向主要发展现代服务业、高端制造业和高新技术产业转型。据统计，北京第三产业占GDP的比重在2014年已达到77.9％，第三产业的比重已经超过全国水平，成为北京市国民经济重要的支柱产业。截至2015年上半年，第三产业中的金融、信息、科技服务业等行业仍保持快速增长的势头。金融业实现增加值 2035.6 亿元，增长 19.4%；科学研究和技术服务业实现增加值 949.4 亿元，增长 12.5%；信息传输、软件和信息技术服务业实现增加值 1044.6 亿元，增长 10%，三者合计对全市经济增长的贡献率达到 73.3%[①]。北京全国政治中心、文化中心、国际交往中心和国家创新中心的城市定位，"十二五"规划的"两城两带、六高四新"格局使产业资源在空间布局上更加聚集，国家综合国力和首都城市影响力整体提升，使国际社会更加关注中国、关注北京，CBD 和金融街吸引了更多跨国公司、央企总部进驻，为在更高层次上参与全球分工、实现更高水平发展提供了新的契机；技术创新、产品创新、组织创新、商业模式创新、市场创新等助推北京区域经济从价值链和产业链的低端向中高端转化，推动产业高端化进程不断向前。

（2）互联网催生新的商业模式

当今我们正迎来一场由互联网引发的革命。正是因为互联网所带来的便捷，使得城市、企业、金融等众多领域，乃至我们每个人的生活、学习和工作都发生了深刻的改变，以互联网、云计算等信息通信技术为基础的新兴商业及产业形态不断涌现，网络定制、移动支付、互联网金融、跨境电商、智能制造等新商业模式发展迅猛。据统计，2014 年北京市年限额以上批发和零售企业网上零售额为 1456.9 亿元，增长 69.7%。而网贷之家的统计数据显示，2014 年全年中国网贷成交量达 2528.17 亿元，是 2013 年的 2.39 倍，互联网金融已经对传统银行业产生巨大的影响。特别是 2015 年年初李克强总理在作政府工作报告时首次提出要制定"互联网＋"行动计划，把"互联网＋"提升到国家战略层面。报告指出："2015 年互联网＋行动计划将为互联网与包括医疗、教育、物流、金融等在内的传统行业各个领域的融合发展提供更大的空间，将培育更多的新兴产业和新兴业态。"这将对我国社会、经济、文化、环境、资源和基础设施等方面产生深远影响，也将引领创新驱动发展的"新常态"，必将为首都经济的发展带来巨大的商机。

（3）消费升级带来经济服务化

2014 年北京社会消费品零售总额 9098.1 亿元，比 2013 年增长 8.6%。限额以上批发和零售企业中，汽车类实现零售额 1723.1 亿元，下降 2.9%；通信器材类实现零售额 916.6 亿元，增长 93.8%；文化办公用品类实现零售额 498.6 亿元，增长 15.3%；家用电器和音像器材类实现零售额 371.3 亿元，增长 10.2%。消费结构的变化和消费升级为公共性服务、消费性服务和生产性服务创造了巨大的发展空间，同时也促进现代服务业加快向金融、文化创意、信息技术、现代物流、旅游会展的高端化发展。2014 年北京市以金融、信息、科技服务业、现代物流为主的生产性服务业实现增加值 11072.5 亿元，增长 9.3%，占地区生产总值的比重达到 51.9%。据世界银行预测，到 2030 年，我国服务业占比将大幅上升，社会结构和产业结构都将发生巨大变化。养老、医疗、卫生、旅游、文化、物流业、互联网相关产业等领域的经济服务化发展趋势为

---

① 北京上半年经济数据发布，稳中向好，同比增长 7%，人民网，2015 年 07 月 17 日。

企业带来了丰富的发展机遇。

（4）京津冀协同发展促进产业结构完善

2015 年 4 月 30 日，中共中央政治局审议通过了《京津冀协同发展规划纲要》，从"首都经济圈"、"环渤海经济圈"到现今的"京津冀协同发展"，概念的变化，促进了经济的发展和产业结构的进一步调整。北京市通过深入广泛地开展与津冀晋蒙及环渤海地区的合作，实现了一般制造业向市外的转移，引导产业沿京津塘、京保石、京唐秦等轴向外辐射发展，在京津冀三地的产业结构中，北京近 80％为第三产业，高度聚集了科技和金融产业；天津则是第二产业和服务业均接近 50％；河北则仍有将近 12％的农业，近 50％的第二产业。通过资源的区域协调及配置，优势互补，协同发展，北京市的产业结构布局更加完善，推动了产业技术升级，金融、信息、商贸流通等服务的快速发展提升了生产性服务业的辐射服务能力，增强了服务区域、服务全国的功能，为实现整体发展水平的跃升发挥了带动和辐射发展的作用。

总之，在经济新常态下北京区域经济的发展，要素升级、结构调整、京津冀协同发展及"互联网＋"国家发展战略导向，都对职业教育人才的培养质量、结构、特色、成效提出了新的任务和要求，为北京地区高等职业教育带来了更多的机遇与挑战。机遇与挑战并存，机遇大于挑战。因此，北京高等职业教育必须契合产业导向，牢固树立紧抓机遇、加快发展的意识，实实在在地通过科教兴国战略、人才兴国战略，深刻把握发展趋势和规律，充分利用一切有利条件，适应经济结构优化的需求，满足产业发展和技术升级的高端化要求，大力培养为金融、物流、文化创意、旅游会展等现代服务业发展，为现代制造业、都市型农业、高新技术产业发展服务的高端技术技能人才，为发展高附加值产业、战略性新兴产业或者推进经济结构的战略性调整提供良好的人才基础，这样才能更好地服务北京区域经济，在新的起点上推动首都的科学发展，提高北京城市经济的整体竞争力。

4　北京区域经济发展对职业教育的需求研究

4.1　北京区域经济发展对职业教育的需求的一般分析

4.1.1　北京区域经济发展需要职业教育提供智力支持

职业教育是"跨界的教育"。职业教育兼具经济和教育双重属性，具有鲜明的区域性和外部适应性。在北京区域经济发展进程中，势必会带来产业转型升级和产业结构的调整优化，职业教育的作用更加突出。一方面，职业教育对北京产业升级有驱动作用，劳动力素质提升是北京经济增长的强大驱动力。受原材料、人力资源成本上升等因素倒逼，北京主导产业正积极从劳动密集型向知识密集型转变，需要劳动力资源从低技能水平向高技能水平提升。职业教育是经济链中的一个重要环节，发展职业教育有助于提高劳动力素质，提高劳动生产率，从而有力促进区域经济增长。研究表明，近 10 年职业教育对我国 GDP 增长的年均贡献率达 7.13%，平均每年拉动 GDP 增长 0.64%；另一方面，职业教育对北京产业结构优化有驱动作用，北京经济要实现可持续发展，需要不断淘汰落后产业，发展环境更友好、产能更高效的产业，新产业发展需要大量人才支撑。

北京市职业教育把主动服务地方经济社会发展作为第一要务，努力构建与区域经济社会需求相适应、与区域产业发展相衔接的服务型职业教育体系，在调整学校布局和专业结构、发展品牌专业和重点专业上下功夫。目前，北京市设置高职院校 25 所（国家示范性高等职业院校 4 所，北京市示范性高等职业院校 8 所），开设 15 大类 118 个专业，基本覆盖全市第一、第二、第三产业。据 2011 年 12 月社会科学文献出版社出版的由中国社会科学院城市竞争力课题组编著的《教育提升城市竞争力》报告显示，在 24 个同类城市中，北京职业教育对城市经济结构的影响力位居第三，对硬件竞争力的影响力位居第五。

在北京城镇化进程中，劳动力的就业问题是发展区域经济不可回避的大问题。目前，北京市每年需要就业的劳动力约 400 万人，富余劳动力接受职业教育的愿望迫切。为了促进社会就业，必须大力发展区域职业教育，要特别重视城镇化进程中大量转移人口的职业技能培训。区域职业教育要适应区域经济发展需求，劳动力就业需要发展职业培训，区域产业改革、结构升级需要培养更多的熟练技术工人。培养区域经济建设需要的职业教育人才，是区域经济建设的当务之急，也是区域经济长远发展的人才保证。发展各种形式的职业教育是促进区域经济发展的重要措施，有利于提高区域劳动力整体素质，解决就业难问题，从而加快北京市城镇化进程。

4.1.2 北京区域经济发展需要职业教育促进社会就业

职业教育是"面向人人的教育"。教育是社会和谐、稳定的基石，职业教育由于其普适性特点，在促进北京社会和谐稳定中具有更加突出的作用。首先，职业教育是培养北京经济建设主力军的重要阵地。从就业去向来看，绝大部分职业院校毕业生选择在本地就业，为区域经济建设服务，而普通高中毕业生随着升学、留学，选择在外地发展的比例要远远高于职业院校学生。因此，职业院校人才培养质量直接关系到北京经济发展，其毕业生素质直接影响到北京社会发展水平。其次，职业教育是促进北京社会就业的主要手段。"使无业者有业，使有业者乐业"是职业教育的首要目的。在北京城镇化进程中，农村劳动力转移需要技能，低收入人群改善生活状况需要技能，产业转移、企业倒闭导致的下岗工人再就业需要技能。掌握技能就意味着具备了生存能力，打下了发展的基础。研究表明，经过转移培训的就业人员月收入比未接受过培训的农民工高出 38.3%。北京市职业院校的专业教育和社会培训为所有需要掌握一技之能的人提供了丰富的选择，提高了人们的就业能力，让他们实现了体面劳动，过上了有尊严的生活，从而保障了民生，促进了社会稳定。再次，职业教育是帮助外来农民工融入城市生活的重要手段。当前，"农二代"矛盾不断显现，北京外来农民工达到300 多万，大量外来人员子女陷入原籍农村不愿回去、城市生活又难以融入的尴尬境地。有针对性地开展对外来农民工子女的教育和培训，提高其适应城市生存的技能，化不稳定因素为城市建设的生力军，是北京职业教育一直在努力的方向。最后，职业教育有助于提升北京城市形象。北京地方经济的发展离不开职业教育的智力支持和技术支持，经济发展方式需要职业教育和职业培训不断提高劳动者的从业能力，促进北京产业结构的优化升级和技术改造。在北京城镇化进程中，要求职业教育和职业培训引导农村劳动力向城市转移，将无序流动变为有序流动，提升北京城市的文明形象。

4.1.3 北京市区域经济发展需要职业教育优化专业结构和布局

在北京市城镇化进程中，随着产业结构的快速调整和优化升级，高新技术产业、生产性服务业、文化创意产业、现代制造业等行业的快速发展对职业教育服务面向提出了新的要求。为适应这一新的形势，北京市在开展市级示范性专业建设的同时，积极推动职业院校根据国家及北京市产业政策导向，紧密结合地区、行业经济发展需要，调整专业结构和布局。经过近年的持续调整，独立设置的高职院校所开设的专业中，第一产业占 0.2%，第二产业占 27.5%，第三产业占 72.3%，高等职业教育的规模、布局、结构、人才培养工作基本上适应了北京经济社会发展的需要。在优化整体结构与布局的同时，引导高等职业院校顺应经济发展大势、特色办学，多所院校由于区域经济结构调整升级或行业准入条件变化退出了原有优势领域，成功实现了转型，并在新领域创出了办学特色。此外，积极引导各高等职业院校进行错位竞争，避免重复投入、资源浪费，目前，大多数职业院校都已初步形成特色优势专业。

4.2 北京区域经济典型行业发展对职业教育需求的分析

4.2.1 电子信息技术行业对职业教育的需求

1. 电子信息技术行业人才需求情况

近年来，北京市依托职业院校和各类培训机构培养了一批电子信息技术行业的专业人才，2010 年，北京市电子信息技术行业人才占高新技术企业人才的 72.20%，远大于其他领域人才所占比重。但是，与北京电子信息行业的发展相比，北京电子信息行业人才的缺口依然较大。

目前，北京市电子信息技术行业人才分布最集中的 10 个专业的人才数量占到总人才数量的 48.50%；最集中的 20 个专业的人才数量占总人才数量的 64.43%；最集中的 30 个专业的人才数量占总人才数量的 72.47%。其中，计算机软件专业所占比例最大，为 12.07%。

北京市电子信息技术行业人才总量的主要预期目标是：①从业人员总量适度增长。到 2020 年，全市电子信息技术行业从业人员队伍规模 8.6 万人左右（电子信息产品制造业和软件业约 7 万人，电信业 1.6 余万人），其中，专业技术人员达到 25% 左右，管理人员达到 10%，市场及服务人员达到 15% 左右，加工技能型工人约 50% 左右，人才总量稳中有升，基本满足北京电子信息技术行业加快发展和做大做强对人才总量的需求。②人才队伍专业结构不断优化。到 2020 年，专业技术人员占从业队伍总量的 25% 左右，形成以研发人才、工程技术人才、技能人才队伍为主体，管理、市场及服务人才队伍规模适度、合理的信息产业人才生态群落。

2. 电子信息技术行业对职业教育的需求

为了实现规划目标，北京市应努力培养和造就一支与电子信息产业发展相适应、规模适度、机构合理、素质较高的专业技术人才队伍和高技能人才队伍。其中，培养、选拔 0.5 万名高级信息技术人才、5 万名中级信息技术人才和 10 万名初级信息技术人才；培养 0.2 万名技师、高级技师，1 万名高级技工，3.5 万名各级技能型实用人才。

北京市电子信息技术行业对职业教育的需求主要表现如下。

（1）大力推动计算机应用与软件资格水平考试与通信专业技术人员职业水平考试

北京市各职业院校和教育培训机构应进一步加强与人力资源与社会保障部的合作，适时调整专业资格设置和考试大纲，进一步提高考试质量和考务管理水平，不断扩大考试规模，确保计算机专业技术资格考试在全市专业技术人才培养方面的示范作用和带动作用；积极做好实施通信专业技术人员职业水平考试全市正式开考的各项准备工作，全力保障通信考试顺利实施；进一步推进全市信息技术专业技术职称工作改革。

（2）落实高技能人才培养工程

北京市各职业院校和教育培训机构应扎实做好全市电子信息技术行业高技能人才的培养工作，一方面要抓好高技能人才培养的基础建设，另一方面要进一步加强职业技能鉴定机构的管理。进一步确立企业在职业技能鉴定中的主体地位，结合电子信息技术行业的特点，努力做好民营、三资企业高技能人才的培养工作。在培养技能人才工作中推动校企结合，在提高个体和农村外来务工人员的技术素质方面形成突破，做好职业院校电子专业学生和农村进城务工人员的职业技能鉴定工作，为农村剩余劳动力转移和建设社会主义新农村做出贡献。

（3）大力实施信息专业技术人才知识更新工程（"653工程"）

专业技术人才知识更新工程（"653工程"）作为列入我国国民经济和社会发展第十一个五年规划的一项重大人才培养工程，对于加强专业技术人才队伍建设，培养创新型人才，增强自主创新能力，推动职业教育事业的全面发展，具有重要意义。北京市各职业院校和教育培训机构应通过电子信息技术领域"653工程"在"十二五"期间每年开展信息专业技术人才知识更新培训0.5万～1万人次，共培训电子信息技术领域各类中高级创新型、复合型、实用型人才3万～5万人次，为全面提升全市电子信息专业技术人员的整体素质提供良好的继续教育服务。

（4）创新人才培养机制，全面推行电子信息技术人才培养二期工程

全国信息技术人才培养工程以计算机软件、计算机网络、计算机应用、信息系统和信息服务等信息技术领域为重点，建立了标准的考试认证体系、科学的课程体系、规范的培训体系、高效的服务体系；通过在全国范围内建立若干教学资源研发中心、管理中心和培训基地，在政府的引导下优化组合行业教育培训资源和社会教育培训资源，探索出一条依托行业教育培训培养和选拔信息技术专业人才的可行之路。

二期工程将充分发挥全社会教育培训资源的作用，做大做强信息技术教育培训体系和完善信息化人才评测体系，大力拓展职业教育的课程体系，加强电子信息技术从业人员的教育培训工作，优化组合行业教育培训资源，建立200个示范性工业和信息技术人才培养基地。

北京市各职业院校和教育培训机构通过与相关部委及国际知名培训机构的合作扩展教育培训认证范围和服务领域，大规模开展电子信息技术职业培训、继续教育和在职学历教育，构筑工业和信息技术从业人员和后备人才的终身教育体系，为工业、通信业和信息化系统培育新一代产业大军。

4.2.2 新能源行业对职业教育的需求

1. 新能源行业人才需求情况

虽然北京新能源行业迅速发展，然而推动新能源行业前进的人才供给却显得捉襟见肘。高素质专业人才和核心技术的缺失，已严重阻碍了北京当前新能源行业的健康发展。据估算，到2020年，在北京风电的新能源行业从业的人员将有近10万人，其

中，包括数万名专业人员。根据《核电中长期发展规划（2005—2020）》，从 2010 年起，北京每年平均要开工建设 5～8 台核电机组，预计每年对核电人才的需求有数千人，而相关专业毕业生总量不超过 500 人。对快速发展的太阳能行业而言，人才供应同样严重不足。因此，亟待加大新能源行业人才的培养力度，以满足新能源行业发展对高素质人才的迫切需求。

我国高校在新能源专业设置和专业人才培养方面还落后于发达国家。近几年，国内仅有十几所高校增设了核能相关专业，如哈尔滨工业大学、哈尔滨工程大学等开设了核物理、核工程与核技术、核反应堆工程等专业。北京的华北电力大学已经率先成立了可再生能源学院，2006 年开始招收国内第一个风能与动力工程专业学生，在保定"中国电谷"新能源与可再生能源产业化基地上建立了新能源"学生创新与实训基地"，选派学生进点锻炼，调动学生科学就业的积极性。上海复旦大学在 2008 年 10 月成立了新能源研究学院。北京中国石油大学新能源研究中心在同一时期高调揭牌。山东建筑大学、南昌大学等几所高校开设了太阳能建筑一体化、光伏材料等专业。大多数高校是在原有热能与动力工程等专业基础上增设了部分与新能源有关的选修课程，作为对新能源领域知识的一种补充，或进行了专业名称的更改。尽管如此，新能源行业人才培养依然远远落后于行业的发展，北京市相关部门应在政策上对北京市属院校给予政策倾斜和必要的资金支持，以培养出能满足不同层次需求的专业人才，加快新能源行业的发展。

2. 新能源行业对职业教育的需求

新能源作为一门新兴学科，人才培养问题不是一朝一夕之事，甚至也不是一所大学或者部分高校的事情，而是整个社会应共同承担的责任。北京市应开通高校新能源专业人才培养的通道，适应社会需要，开设相关紧缺专业，为社会和企业输送人才，同时，要完善企业人才培养机制，构建形成新能源人才培养体系。加强校企合作，建立新能源人才快速成长的通道。

（1）成立新能源类专业教学指导分委员会

北京市高校应成立新能源类专业教学指导分委员会，以利于对新能源类专业的市场需求和专业发展的重大问题进行调研，指导和推动各层次新能源类的专业、课程、师资、教材、实验实训等教学建设和教学改革，推动产学研结合，促进教学质量不断提高；研究制定新能源专业类建设的基本要求和专业类教育的质量标准，推动战略性新能源专业的职业资格证书制度的实施；通过组织开展国际交流和研讨活动、培训师资、组织编写及评介教材、宣传优秀教学成果和典型经验等方式，为新能源类专业的教学建设做好服务工作。

要采取超常规手段培养高级专业人才和强大的师资队伍。和传统专业学科相比，新能源专业作为我国一门尚处于起步阶段的新兴学科，高级专业人才相对匮乏，现有的少数高级人才相对集中在一些科研单位，高校一时很难找到所需人才。因此，北京应下大力气招聘国际大师级人物和高级专门人才加盟我国的风电人才培养事业，并采取超常规手段快速地培养自己的师资和科研队伍。

（2）培养多层次的人才

新能源学科作为交叉学科，它涉及动力、机械、电气、电力电子、自动化等学科，有相关专业基础的高校都应该承担起为国家培养后继人才的责任。目前，北京亦庄开发区与国内电力领域最高学府华北电力大学达成战略合作关系，在此校设立国内首个风电专业并成立可再生能源学院；与风能协会联合建立亚洲风能培训中心，为中国风能专业培养高级管理人才；在技术工人培养方面，亦庄开发区联合相关企业和北京市20余家职业技术学校，成立了新能源与能源设备亦庄开发区职业教育专业集团。

新能源分布式的特点表现出对人才多方位、多层次的需求。以核电为例，人才的缺乏不仅体现在技术领域，更体现在相关的工程管理、金融、财务、商务谈判等方面。因此，北京教育部门必须未雨绸缪，将新能源人才培养纳入北京市教育规划中，其中，不仅要包括本科、研究生教育，更要包括职业技术教育，专业调整要同时考虑人才的多层次，既需要从事科研、开发的领军研究人才，也需要能投身新能源行业的技能人才。

（3）校企合作，产学研相结合

作为一个工科专业，新能源专业具有很强的实践性，需要有良好的实验环境和实践基地。加强校企双向调研，着手新能源专业设置及相关课程设置，修订专业教学计划；促进学校围绕企业需求办学，提高学校人才培养与企业用人需求的紧密度，实现校企无缝对接；加强校企合作力度和广度，共同培养更多符合企业需求的高素质的实践型人才。

以风能与动力工程专业为例，与风电企业合作，通过以专业岗位群工作任务分析为基本手段，以典型产品（如叶片）的生产过程为导向，探索"工程实践贯彻始终"的工学结合人才培养模式，形成学校、企业、专业教师、企业专业指导人员及学生共同参与的立体网络。企业首先根据岗位需求，提出人才培养标准，然后由学校和企业共同制订培养方案、教学计划，开发课程，建立考核标准。

构建基于工作过程系统化的课程体系，在课程设计中，按照工作过程要求和学生学习认知规律编排课程内容，使专业核心课程教学内容与工作任务相结合、职业核心能力的学习与工作岗位相结合，学生在掌握基本的专业知识和专业技能后，根据企业安排和专业学习的要求，在一定的岗位上参与企业的生产劳动，在学校和企业交替进行有针对性的岗位能力培养，学习企业管理规范，培养职业素质。学生在学校和企业学习后，经企业考核合格，上岗就业。

4.2.3　汽车行业对职业教育的需求

1. 汽车行业人才需求情况

一项权威调查表明，发达国家从事汽车制造业的人数与从事汽车相关行业的人数比例通常为1∶10。目前，我国直接从事汽车生产的从业人员超过200万，如果按照1∶10的比例推算，中国汽车营销、保养检修、金融保险等售后市场服务人员需求量应超过 2000 万，而现在中国汽车维修行业仅有 240 万从业人员，其他市场服务人员更少。另外，汽车行业发展迅猛，而我国汽车业起步较晚，在研发方面，无论是自主品牌的研发，还是对国外车型的本地化研发，都急缺汽车人才。欧美发达国家的汽车行业研发人才一般都占到 30% 以上，而我国这一比例不到 8%，中国汽车业人才需求现状和汽车产业的高速发展相比，显得极不相称。

北京市汽车行业的良好发展态势在促进本市经济快速发展的同时，也对人才数量和质量提出了更高要求。随着汽车行业的发展壮大，大量复合型、技能型人才成为汽车产业宝贵的竞争资源。北京市汽车行业总体呈现出技能型人才短缺状况，未来需要的复合型人才是集研发、采购、营销和运营管理等关键能力于一身的技能型人才。例如，营销管理人员，他们既需要具备汽车营销的实战经验，同时又需要精通汽车售后维修、保养等专业技术知识。目前，北京汽车行业招聘岗位主要集中在销售、维修保障服务岗，研发岗位招聘较少，主要以电池、电控等机电技术专业高级人员为主。

（1）技术研发人才

技术研发类人才在每年北京各大汽车企业招聘中都是争夺的重点。越来越多的汽车制造企业开始注重自主研发，从而提高企业的核心竞争力。以往，不少外资汽车企业都将研发中心设在国外，而将生产中心设在中国国内。近年来，随着我国汽车行业的不断发展壮大，各大外资企业对研发领域更加重视，纷纷在我国设立研发中心，因此对高级研发人才的需求呈上升趋势。

（2）汽车采购人才

除了技术研发类职位，目前相对抢手的人才非采购莫属，此情况普遍存在于汽车整车领域以及零部件领域。随着汽车价格竞争的激烈，许多企业极力通过两种途径降低成本：一是借助于新的研发技术；二是采购更低成本的零部件。因此，有经验的采购人才备受汽车企业青睐。

（3）汽车营销人才

汽车企业的不断发展必然对营销网络的要求越来越高，因此，企业对汽车高级营销及管理人才的需求急剧增长。目前，汽车营销、售后服务、汽车美容、汽车博览和汽车文化等人才远远不能满足北京市汽车业发展的需求。有鉴于此，市场对营销人才提出了更高的要求，他们不仅要具备扎实的营销理论知识、娴熟的推销技巧，而且要熟悉汽车专业知识及汽车行业相关知识、熟悉汽车保养和维修技能，甚至要懂得一定的理财知识，能设身处地地为消费者着想。

（4）营运管理人才

汽车生产是一项复杂的系统工程，一辆汽车由上万个零部件组成，任何一个零部件的质量本身或者在组装时有问题，都有可能成为整车的故障和安全隐患。所以，汽车生产的营运管理是一个关键环节。因此，相关职位炙手可热，例如，西格玛黑带大师、精益生产管理的全面质量管理人员都是汽车行业的关键人才。

目前，北京汽车行业人才紧缺的原因主要如下。

①人才来源渠道过于狭窄，盲目招聘

不少企业并未把职业院校当作人才的培养基地和主要渠道，企业对职业教育的重视程度不够或认识上的偏差，致使其忽略职业院校培养大批技能型人才的重要作用，从而使这一人才渠道长期处于闭塞状态。一些企业每年都在花高薪聘请高技能人才，而对职业院校培养的用得上、下得来的技能型人才视而不见。企业完全可以把职业院校毕业生聘到公司，对其进行培训，做好人才培育和储备工作，减少人才断层问题的发生。如今，企业招聘存在很大的盲目性，他们不顾自身实际需要，盲目跟随其他企业制定过高的学历和证书门槛，结果使一大批本来合适的人才流失，招募进来的高学历人才却未必适用。

②企业在人才的选、育、用、留四个环节上失衡

企业在内部人才培养与职业院校合作育人方面没有足够重视或未能统筹兼顾，忽视了人才的选、用、育、留工作。吸引人才、培育人才、使用人才和留住人才是企业人力资源部最核心的工作，四个环节环环相扣，相辅相成，缺一不可，其中任何一个环节出现差错都可能导致人才的断层或缺口。如今，北京多数汽车企业只重视招募人才和使用人才，而忽略培育人才和留住人才，他们只注重公司的培养成本最小化和利润最大化。从高校新招募进来的毕业生很难直接投入使用，必须对他们进行培训和教育，让公司理念和精神注入其身，但这需要一定的时间和成本。另一方面，一个企业能否不断进步、发展壮大，其中一个关键的因素是有无稳定的人才梯队，即人才稳定性和持续性。企业应综合运用待遇留人、环境留人、前景留人和感情留人等措施留住人才。

③职业教育培养出来的人才不能满足企业发展需要

一方面，职业教育质量过低。教育质量是个难以量化的抽象物，必须通过培养的毕业生质量衡量，而职业院校毕业生质量取决于毕业生与工作岗位的匹配程度或适应性。如果毕业生能够娴熟地完成工作任务并为企业创造价值，那么学生和岗位之间就是匹配的。反之，毕业生不能满足岗位的要求或难以完成任务，两者之间则是不相适应的。当前，职业教育与企业大多处于前种状况，即职业教育培养的人才并不能真正满足企业发展的需要。另一方面，校企合作力度不够。职业院校毕业生之所以不能迅速适应岗位的需要，其中一个重要的原因是他们的实践实习经验不够、实际操作能力不够，这反映了职业院校与企业之间的合作欠缺问题。北京20多所开设汽车专业的中职、高职院校中只有3所与企业保持着长期合作，其余院校基本没有校企合作项目。

2. 汽车行业对职业教育的需求

针对北京市汽车行业人才需求现状，汽车行业对职业教育的需求主要表现如下。

(1) 专业培养目标要结合区域经济发展

北京市各职业院校的汽车专业要结合北京市汽车行业的发展现状和人才诉求情况，准确地设置专业培养目标。

①汽车检测与维修技术专业的培养目标

以市场需求为导向,培养学生良好的职业道德、人文社会科学素质、创新精神和实践能力,使学生具备扎实的理论知识与较强的实践技能,成为可服务于汽车后市场的检测、维修、技术服务和管理第一线的高技能人才。

②汽车技术服务与营销专业的培养目标

以服务为宗旨,以市场需求为导向,培养具备本专业扎实的理论知识和较强的实践能力、协作和创新能力、良好职业道德,服务于汽车行业的生产、销售、技术服务和管理第一线的高等技能型专门人才。

③汽车整形技术专业的培养目标

培养德、智、体全面发展,能独立对车辆进行维护和车身修复、车身涂装及修补、汽车装饰及美容,能配合维修技师处理各种车辆复杂的整形技术作业的高等技术应用性专门人才。毕业生可以获得中级机修工证、中级汽车维修工证、机动车驾驶证等职业资格证书。

④汽车运用技术专业的培养目标

培养德、智、体全面发展,具有一定的机械产品设计、科技研究、技术开发能力,能从事车辆的性能检测、技术鉴定、机电修理、故障诊断及规范性的维护保养等方面工作的高等技术应用性专门人才。毕业生可获得中级汽车维修工证、机动车驾驶证等职业资格证书。

⑤汽车电子技术专业的培养目标

培养的学生主要从事各类中、高档小轿车的电气系统包括微电子控制、电控喷射发动机、车载通信、车载音响、汽车电子防盗系统等的检测、安装与维修工作,也可从事汽车电子产品的生产管理、质量管理与产品的销售等工作,部分学生可从事汽车电子产品的辅助性设计研发工作。

⑥汽车制造与装配技术专业的培养目标

掌握机械工程的基础理论、汽车原理与构造和汽车制造与维修的基本知识;具有编制、实施汽车制造工艺规格,设计一般工艺装备的能力,具有汽车性能测试,常见故障分析与维修的基本能力,具有汽车驾驶、修理、钳工及机械加工设备的基本操作技能,具有车间生产和技术管理的基本能力。

不难看出,上述各个汽车专业的培养目标都包含了素质要求、知识结构和专业能力要求三个方面。

(2)汽车专业设置应趋于合理化

北京市职业院校汽车专业设置存在一定的盲目性,原则性较差。专业设置和调整应根据自身实际条件和市场需求情况慎重行事,学校师资、教室、实验室、资金等硬件是增开新专业首先要考虑的,此外,北京市区域经济发展的人才需求方向、规格、数量和未来趋势等也是专业开设前期要做的重要工作。当前,职业教育专业建设中普遍存在追赶新潮、盲目开设的问题,不少职业院校不断增开热门专业,如数控、计算机、汽车等专业几乎是所有职业院校必然开设的，这些院校看到上述专业毕业生就业形势较好或者市场紧缺这类人才，加上以需求为导向和以就业为导向的呼声以及一些媒体的炒作，这些都驱使这些学校盲目跟风。

设置专业的关键和原则是不容忽视的。设置专业之前，必须综合考虑此专业相近专业的重要作用，例如，汽车类专业包括检测与维修技术、技术服务与营销、整形技术、电子技术、制造与装配技术和运用技术等多个不同专业，一个学校究竟应开设多少个专业，或者开设这类专业有哪些相近专业作为支撑，这些专业是否在机械、电子、管理等学科的基础上发展为宜。假如仅仅开设这些工科专业而没有相应的工科资源（师资、设备、基础课程）配合，那这些专业的发展是难以有保障的。例如，北京市开设汽车类专业的 16 所职业院校中有 10 所院校仅开设 1 个专业，这就容易产生上述问题。然而，开设四五门此类专业的院校是否一定能很好地发展呢？只求全而不专的做法也是不可取的。

（3）增加汽车专业数量

北京部分职业院校汽车专业设置过于单一，不利于专业之间的资源共享和优势互补。数量少和质量低，指职业教育培养的人才满足岗位需求的数量不足，难以适应汽车行业发展的需要。近年来，北京职业院校紧跟高等教育扩招和专业调整大潮，相继扩大招生规模、增开热门专业，已发展成为数量型、规模型的典型代表。各个专业培养的人才总量是大的，但是紧缺的专业人才却很少，供不应求问题严重。如何把丰富的人力资源转变成人才资源是职业教育应予以关注的问题。质量观念淡薄亦是职业院校教育质量不高的重要因素，北京多数职业院校在汽车专业设置上存在误区，在他们看来，设置一个专业、开设几门课程，就意味学生会有好的就业前景，将来定能够胜任工作，这是理想化的假设。其实，理论学习距离实践操作还有一大段路要走，即使理论加实训的培养模式也未必能起到立竿见影的效果，更何况实习实训的程度还远远不够。北京部分职业院校开设的汽车专业过少，不少学校仅开设一门此类专业，这不利于各专业间的资源共享。同时，因为专业设置欠合理而导致教学质量不高，从而使得学生专业能力局限性大，视野不够开阔，难以做到融会贯通。

（4）建立专业保障机制，增强专业适应性

首先，增加汽车专业师资力量。教师的数量和质量是决定职业教育质量的关键因素。在企业缺乏人才的同时，职业院校存在严重的人才紧缺问题。职业教育在我国整体高等教育中处于劣势地位，虽然国家一直大力倡导发展职业教育，但长期以来的思想观念、公众认识方面的原因，使职业教育发展一直处于半冷不热的尴尬局面，这在很大程度上影响了职业院校的人才引进及人才的数量和质量。"双师型"教师数量不足和兼职教师过少是北京市职业教育发展中的重要问题。其次，加强职业院校与企业之间的合作。目前，北京市职业院校汽车专业的校企合作培养高技能人才模式尚无法律保障和政策支持，多数职业院校的校外实习实训基地流于形式，学生实践教学难以按计划付诸实施，严重影响职业院校人才培养目标的实现。校企合作，互惠共赢是职业教育办学模式的一大特色，但事实上，双方合作力度和效果都不很理想，合作过程中出现了诸多问题。北京 20 多所职业院校基本都声称与多家企业保持长期合作关系，但是，极少有企业承认这一情况。对于校企合作项目的态度，与企业相比，学校更感兴趣，职业院校都很重视校企合作的重要作用，因为这可以增加学生的实践机会，企业是最有效的实习实训基地。然而对于企业，则可能付出大于收益，它们既要提供场地设备，又要花费人力财力，到时间这些学生未必到公司工作，这或许是企业不太热情的重要原因之一。出现这一情况最根本的原因应归结为利益机制不健全。当然，北京个别职业院校在这方面做得不错，例如，北京劳动保障职业学院、北京交通职业技术学院等分别与北京现代、北汽福田等建立了长期稳定的合作关系。最后，建立保障机制。校企合作过程中学校应履行相应职责，承担一定的任务，例如，为企业员工讲授理论课程、提供专业指导、接收企业员工回炉再造、结合企业需求状况调整课程设置及教学方法等。整个过程必须有一套有效而完善的机制政策作为保障，这样合作才可能顺利开展。

4.2.4 生物医药行业对职业教育的需求

1. 生物医药行业人才需求情况

生物医药行业是北京市全面建设小康社会的重要内容，关系到人民群众的生活质量和健康水平，关系到经济社会的和谐发展。生物医药行业职业教育承担着为生物医药行业培养大批生物医药职业技术人才的重要使命，生物医药职业教育已经成为生物医药行业发展的重要支撑。

未来几年，北京市生物医药行业的人才需求预测如表 4-1 所示。

表 4-1　　　　　　　北京市生物医药行业未来几年人才需求预测　　　　　单位：万人

类别	人才需求		
	2010 年	2015 年	2020 年
执业（助理）医师	22.75	24.44	27.3
注册护士	18.07	26.91	40.82
公共卫生机构人员	6.89	8.84	10.77
乡镇村医生	23.85	29.09	38.39
社区医生	2.95	3.6	4.75
其他	3.29	2.42	3.47
卫生人员总量	77.8	95.3	125.5

（1）护理行业技能人才需求

到 2020 年培养和造就一定规模、结构优化、配置合理、素质优良的护士人才队伍，使护士队伍建设与医学科学技术的发展、人民健康服务的需求相适应。2015 年、

2020 年北京市护士总量分别达到 30 万人、45 万人。护士人力资源需求预测见表 4 - 2。
护理人力资源结构预测：2020 年中专护士占 30%，大专占 50%，本科及以上占 20%；
初级占 50%，中级占 45%，高级占 5%；男护士比例增加。

表 4 - 2 北京市护士人力资源需求预测

指标	2015 年	2020 年
护士总量（万人）	300	450
千人口护士数（人）	2.2～2.3	3
医护比	1：1～1：1.2	1：1.5～1：2
社区医护比	1：1.5	1：2
县医院医护比	1：1	1：1.5

（2）检验专业技能人才需求

调查结果显示，2009 年北京市约有检验技术人员 2.21 万人，需要 4.75 万人，缺
口约 2.54 万人。卫生部统计资料显示，2009 年，北京市医疗机构总诊疗人次达 5.49
亿人次。医师日均担负诊疗 7.4 人次和住院 1.6 床。医学检验技术人员日均承担诊疗
人数约 70 人次（包括所有的医学检验服务）。2009 年，我国临床医师和医学检验技术
人员的比值为 100：10。如果按临床医师和医学检验技术人员的比值为 100：20 计算，
2015 年需要 4.48 万人，按 100：40 计算，2020 年需要 10.92 万人，基本达到发达国家
100：45～100：50 的水平。

（3）社区专业技能人才需求

调查结果显示，2009 年，北京社区卫生服务中心（站）人员总数为 29.51 万人，
全科医生数量仍有较大缺口，按最低标准计算，北京至少应配置 1.18 万名，而目前全
国具有全科技术资格的人员为 1.06 人，仅占配置需求的 8.98%。按最低标准计算，
2015 年与 2020 年北京社区卫生服务中心（站）人员总数预测见表 4 - 3。

表 4 - 3 2015 年与 2020 年北京社区卫生服务中心（站）人员总数预测 1 单位：万人

指标	2015 年	2020 年
卫生人员总量	4.2	4.52
全科医师	1.37	1.47

（4）乡镇村专业技能人才需求

资料显示，2009 年，北京乡镇卫生院及村卫生室卫生人员总数为 23.85 万人，存
在人力总量不足、地区分布不平衡、专业结构不合理、村卫生室中执业（助理）医师
比例低、乡村医生过渡困难等问题。利用第 1～4 次国家卫生服务调查的结果与新农合

的数据综合预测 2015 年与 2020 年的需求，结果见表 4－4。

表 4－4　　2015 年与 2020 年北京社区卫生服务中心（站）人员总数预测 2

机构	2010 年需求预算		2015 年需求预算		2020 年需求预算	
	每千人口人员数	总量（万人）	每千人口人员数	总量（万人）	每千人口人员数	总量（万人）
乡镇卫生院	1.6	14.1	1.8	15.3	2.0	16.6
村卫生室	1.5	13.3	1.6	13.6	1.8	14.9
合计		27.4		28.9		31.5

（5）康复专业技能人才需求

调查结果显示，2009 年，北京共有康复治疗专业技术人员 1370 人，其中，各级综合医院 1250 人，康复专科医院 1200 人，平均每 10 万人口 1.03 人。北京现阶段需要康复治疗师 1.14 万人，目前缺口 1.0 万人，尚不包括 8946 所未定级医院对康复治疗师的需求。考虑到未来医疗机构数量的增长，2015 年共需要治疗师 2.05 万人，2020 年共需要治疗师 2.4 万人。

总之，通过对北京生物医药行业人才现状进行分析，可以看出生物医药企业的发展不仅需要有技能的专业人才，而且需要懂经营和管理的人才，复合型人才恰恰能满足企业未来发展的人力资源上的保障。生物医药行业对复合型人才提出了更高的要求，一方面是为应对中国入世后环境发生的变化，另一方面为生物医药行业在人才培养方向上提供广阔的空间。技能人才在专业之外还需要熟悉国际法律法规，精通市场运作规则。从企业反馈的信息提示在今后的生物医药职业教育工作中要时刻把生物医药方面的法律法规贯穿在整个教育教学过程中，而不是专门开设一些学生并不愿意学习的枯燥的需要死记硬背的法律法规。

另外，生物医药企业需要建立医药人才引进和选用机制、教育培养机制、激励机制，着力营造良好的人才环境，形成人才梯队，保持行业的可持续的、稳定的发展。这些都是生物医药行业职业教育未来发展的重要任务。

2. 生物医药行业对职业教育的需求

（1）根据行业需求调整培养目标，开发新专业

以企业需求为导向，确立培养目标。组建以企业专业技术人员和经营管理人员为主的专业顾问委员会，随时把握企业需求及变化，以此为出发点确立和动态调整培养目标，这是进行专业教育教学改革的基础。在调研中，企业普遍认为中职中专生的合理定位将有助于提高毕业生就业的稳定性。目前，生物医药制造企业的用人基本分为管理型和操作型两个层次，管理型为项目主管，它的构成以大学毕业生和硕士研究生为主，操作型层次的构成则以中高职毕业生为主。

通过调研，职业教育的培养目标应定位于"培养智能型的第一线操作者"，以就业为导向、以能力为本位、以岗位需求和职业标准为依据、以学生的实践能力为培养的重点，使生物医药专业的学生真正成为具有稳定的职业思想、宽厚的文化基础、扎实的专业知识和熟练的专业技能，能在生产、服务第一线从事生产、服务、管理等工作，具有职业生涯发展基础的中等应用型技能人才。

（2）根据岗位需求设置专业课程并建立有特色的教材体系

目前，部分职业院校正在进行专业课程设置的改革，取得了一些成效，但多数学校仍以学科课程模式为主，课程设置与教学方法相对陈旧。一方面，课程体系注重理论知识的培养，实用技能的训练相对不足，尤其是课程内容滞后于专业技术的更新与发展。案例教学、项目教学内容极少，导致学生在实际工作中分析问题和解决问题的能力较弱。另一方面，在职业技能培养方面，职业性法律法规、国际和国家标准、文档规范、安全性措施、维护管理经验等重要内容基本上没有进入教学内容，对职业素质的教育（如开拓精神、市场观念、管理技巧、团队精神、应变能力等）尚没有得到全面的实施。现有课程体系存在以上问题，与社会需求和行业发展相脱节，导致许多专业毕业的学生市场适应期延长，不能满足企业发展需求。

鉴于以上现状，生物医药专业课程的设置必须打破传统的文化基础课、专业基础课、专业课的老三段式课程设置模式；打破传统的以"了解"、"熟悉"、"掌握"为特征设定的学科型课程目标。坚持科学发展观，以就业为导向，以能力为本位，从岗位的需求出发，将生物医药专业涉及的职业活动分解成若干工作任务，以工作任务为引领，整合理论与实践课程，确定课程设置。同时，结合生物医药专业职业资格证书考证的要求，围绕所需掌握的职业能力，细化课程内容，针对相应的技能设计相应的实践活动，提高学生的职业能力，使设置的课程既能支撑专业教学，又能支撑职业资格证书考证，将学历教育与培训考证紧密结合起来。以就业为核心，结合国家劳动就业制度的规定，结合行业新的岗位设置方案，结合企业的实际需要，制订生物医药专业的实施性培养计划。做到"双证融通"，顺应生物医药企业岗位的需求。坚持以就业为导向的教改方向，力求做到三个结合：一是教学的要求与市场的需求相结合，以市场、职场的变化为风向标，确立"实用、够用、能用"的课改原则；二是专业知识与岗位实务知识相结合，及时引进现代企业生产的新技术、新工艺、新方法，调整教学内容；三是专业能力培养与岗位能力培训相结合，参照生产现场的操作标准规程，设计专业实训的方案，努力使实训与培训、学业与就业零距离贴近，全面提高生物医药专业学生的职业素养。

各类职业院校应根据具体情况开发校本教材，丰富教材形态（包括教学大纲、教材、教案、授课演示文稿、在线学习课件、作业案例、毕业实习案例、习题集、参考书等），建立具有明显职业教育特色的生物医药专业课程和教材体系。要打破传统的按照技术学科进行教材编写的模式，开发和推广与现代制药技术发展、应用密切联系的综合性和案例性课程和教材。在综合性和案例性课程和教材的开发中，既可将原有若干科目教学内容按照职业活动的特点和要求进行整合，形成综合性的课程，也可以完全打破学科体系，按照实际的工作任务、工作过程和工作情境组织课程，形成围绕工作需求的新型教学项目。以培养学生的职业能力为目标，使其具备实践性、系统性和前瞻性的特点。按照生物医药行业的发展以及就业市场需求的变化情况，及时更新教材内容。

（3）加大教学方法改革的力度

职业学校在教学方面虽然基本上都采用理论与实践相结合的授课方法，但对学生职业技能以及动手能力方面的培养相对不足。因此，需要有适合他们学习的课程和教学方法。要增强教材和教学方法的趣味性，给予学生更多动手的机会，激发学生学习的主动性。

生物医药专业职业教育应以实用性为目标、以兴趣为引导。在学生基础文化素质普遍薄弱的情况下，采用多模式的教学方法和突出个性的学习方法，通过适合学生特点的指导学习，如演讲、辩论、项目实习等，引导学生在掌握理论知识与应用工具的同时具备良好的自学能力与职业素质。创设工作情境，加大实践实操的容量，紧密结合职业技能证书的考证，加强考证的实操项目训练，提高学生的岗位适应能力。充分利用挂图、投影仪、幻灯片、多媒体课件等教学资源辅助教学，帮助学生理解部分先进制药设备的内部结构。重视生物医药行业领域新技术、新工艺、新设备发展趋势，贴近生产现场。探索一套多模式的教学方法，将理论课、实践课、在线学习课融为一体。以理论课讲授专业知识，实践课培养学生的实际应用能力、沟通能力，通过在线学习培养学生的自学能力、分析判断能力，强化实践性教学环节，积极开展企业项目实训。

职业学校应改革考试方式，减少背诵性的试题，实行终结性考核与过程性考核相结合的方式，以实际技能为导向，把实践能力和项目能力纳入考核范围。采用笔试、口试、机试、综合作业、项目评审、毕业实习考核等方法，并以此全面衡量和控制教学质量。

（4）改革师资引进模式与培养方式

生物医药职业学校要改变专业教师来源单一的现象，尽可能地从医药企业挑选有工作经验的、符合教师条件的优秀技术人才到学校担任教师。在医药技能型人才培养中采用专职教师与兼职教师相结合、相补充的方式。要特别注意聘请企业有丰富实践经验的专业技术人员到学校担任兼职教师，并长期从事教学活动。学校现有专业教师要定期到医药行业学习和实习，政府、企业和学校要为教师的企业实践创造必要的条件。鼓励有条件的医药制造企业通过举办职业学校专业教师培训班、接收教师进行实践锻炼、提供技术资料等途径，不断更新教师的专业知识，提高教师的专业技能，使教师真正成为"双师型"教师。专业教师任职资格：具有中等职业学校及以上教师资格证书；具有本专业三级及以上职业资格或相应技术职称。在教学过程中，教师要适应新的教学模式的要求，转变工作角色，努力成为学习过程的策划者、组织动员者和咨询者。

（5）建立完善的先进的实验实训设施

目前，北京市相关职业学校虽然都有制药方面的实验、实训室，有的渐成规模，但是尚存两个明显的不足：一是配置标准低，实验实训设备与企业、医院所具备的装置相比，设备种类不全、不先进，设备数量不足，实习、实训工位不足，难以适应培养专业所需人才的需求；二是缺少实习、实训的系统性，实习、实训的实操含量不足，实习、实训设施尚不能完全与教学和职业资格考证配套，难以满足专业教学的需要。同时，校外实习基地建设由于学校所在地域的限制，在保证实习内容上存在差异，因此，实验实训设施建设必须加强。

通过调查，实践教学基地应由多个能进行操作、训练、实习等的实训室（或车间）组成，总体框架及布局合理，并且有学生独立自主进行创意的实践条件。实践教学基地能够满足教学要求，具有相应的职业氛围，具有一定的仿真性和综合性，技术先进程度适应行业现状和发展趋势。实训室功能定位应体现三个原则：一是能应用于现场课程教学；二是能应用于现场实训和现场实习；三是能应用于考证培训。同时，职业学校应进一步加强校企合作，充分挖掘相关企业的资源潜力，针对专业方向建立校外基地，让学生在企业的生产实践第一线进行"真刀真枪"式的实习，接受真正"实战"的训练，提高学生的技能操作水平。

（6）加强学生职业素养的培养

在我国，职业教育学生面临着巨大的就业压力。因此，应对毕业生进行全面系统和个性化的就业指导和培训，为其拓宽就业渠道。医药职业学校在强化学生就业指导方面应做好以下四件事。一是提高学生综合素质；在课程设置中除基础课、专业课外，还应加强对学生进行职业素质教育（如开拓精神、市场观念、管理技巧、团队精神）和行业规范、国际标准教育课程的设置，以培养学生的综合素质。二是培训就业技巧，规范就业流程。医药职业学校要设置就业指导机构和专职的就业指导员。从学生素质教育课入手，培训学生的应聘技巧，引导学生树立正确的择业观，有计划、渐进地帮助学生了解社会、行业和企业的现状与需求，为学生就业打下基础。三是提供就业渠道。职业学校一方面要建立校企挂钩或校企结合的机制，一方面要形成适合计算机应用与软件专业特点和区域特色的学生就业推荐模式，建立和疏通学生就业渠道。四是注重"创业"教育。现代医药制造业和现代医药服务业服务于千家万户，从北京市目前情况分析，既需要投资规模较大的生产和销售企业，又需要大量的城乡药店，为用户提供优质的医疗服务。因此，结合行业的特点，生物医药专业学生的培养更应注重加强学生的创业意识教育和创业能力培养，以使此专业学生毕业后能够很快适应市场需求，抓住机遇，主动创业。

（7）改革和完善医药职业教育体系

生物医药行业教育主要包括中职、高职、本科和研究生教育四个层次。其中，中职教育和高职教育作为塔基，是要使新技术能在生产中大规模应用的教育，带有普遍性，这个教育抓得好，能够培养满足社会需要和企业发展要求的一线员工队伍，能够较好地提高产品质量，同时收到立竿见影的效果，达到产品物美而价不廉的效果。本科教育主要是基础及应用性教育。研究生教育指未来从事研究工作的人才的培养，是创新教育的主体。虽然研究生教育在实施科教兴国战略中具有重要地位，起着不可替代的作用，但在目前情况下，由于我国科学技术基础较差，研究水平及能力都较低，新药研究开发投入偏低，目前难以立刻收到较好的效果。要想保持生物医药行业经济的持续发展，应大力加强生物医药中、高职职业教育，为北京市生物医药行业输送合格的一线工作人员。通过调研，企业反映最缺的是复合型医药高职人才，北京缺乏专门的培养生物医药人才的高职院校，这使生物医药行业需要的能够将理论与实践相结合的复合型人才出现了断层。一头是高学历专业技术人员虽然在研究开发上有能力，但不能将之转化为可供企业赢利的产品；一头是中职毕业的技能人才虽然有一定的动手能力，但是从一个初级工变成一个高级技工时间颇长，难以适应现代企业变革的速度。所以，应尽快依托北京生物医药行业，挖掘行业内可用的人、财、物，尽快建立生物医药类的高职院校，拾遗补缺，构建完整的人才培养体系。

4.2.5 物流行业对职业教育的需求

1. 物流行业的发展现状

（1）北京市经济总量逐年增加，对物流能力提出了新的要求

2001—2008 年，北京市 GDP 总量及人均 GDP 呈现出大幅度增长的趋势。GDP 总量以年均 16.0% 的速度递增，人均 GDP 以年均 13.1% 的速度递增，如图 4-1 所示。北京市经济总量的快速增长，对物流能力提出了新的要求。

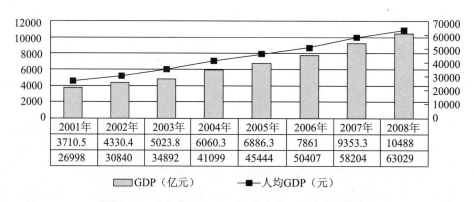

	2001年	2002年	2003年	2004年	2005年	2006年	2007年	2008年
GDP（亿元）	3710.5	4330.4	5023.8	6060.3	6886.3	7861	9353.3	10488
人均GDP（元）	26998	30840	34892	41099	45444	50407	58204	63029

图 4-1　北京市 2001—2008 年经济总量变化趋势图

资料来源：中国统计年鉴。

（2）北京市物流以进口货物及外省市进京货物为主

2007 年，北京市全社会物流总额达 30553.6 亿元人民币，其中，进口货物及外省市流入货物占物流总额的 70%，如图 4-2 所示。这反映出北京市的物流是以进为主，大部分货物由城市外部流入，消费型城市特征明显。因此，解决大宗货物流入的物流

通道问题,构建顺畅的区域物流网络,促进区域物流和城市物流的协调发展,显得非常重要。

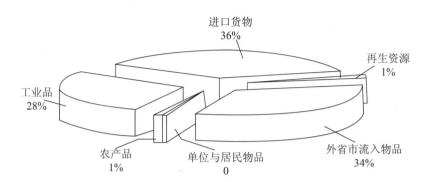

图 4‑2 北京市全社会物流总额与产品构成

资料来源:中国统计年鉴。

(3)北京市物流服务领域以适应消费型城市特征的商业物流为主

北京市人口多,对生活物资需求量大,城市商贸活动频繁。尽管北京市社会消费品零售额、工业生产总值都呈逐年增加趋势,但社会消费品零售额大大超过了工业生产总值,如图 4‑3 所示。因此,北京市在注重工业品物流的同时,更要关注商业物流。其中,特别是节点与线路的有效衔接,多品种、小批量共同配送平台的建设等,成为城市商业物流重要的支撑与保障。

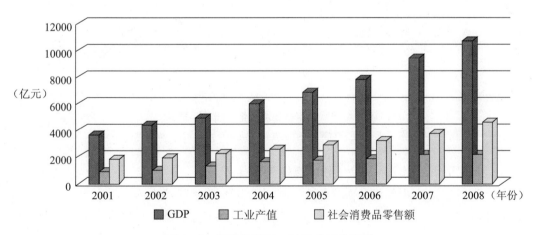

图 4‑3 北京市 2001—2008 年工业产值

资料来源:中国统计年鉴。

(4)正南方向物流量大,已自发形成物流集聚区

根据《北京市"十一五"时期物流业发展规划》数据进行测算,可以发现,北京市物流量主要集中于五个方向,如图 4‑4 所示:西南方向(京石高速公路和 107 国

道），约占全北京市物流量的17%；正南方向（京开高速公路和106国道），约占20%；东南方向（京津塘高速公路和京沈高速公路），约占25%；东北方向（机场高速公路、京密路、京承高速公路），约占20%；西北方向（八达岭高速公路和110国道），约占18%。根据规划，在物流量最大的东南方向目前已建成马驹桥物流基地，且有通往京津塘高速公路、京沈高速公路两个方向的高速通道，基本解决了此方向物流需求的压力。东北方向建设了顺义天竺空港物流基地。相比之下，虽然根据测算，正南方向物流量占全北京市物流量的20%，但《北京市"十一五"时期物流业发展规划》并没有在正南方向规划物流基地。经过几年的发展，目前北京市正南方向的四环路与五环路之间已经自发形成了物流集聚区。

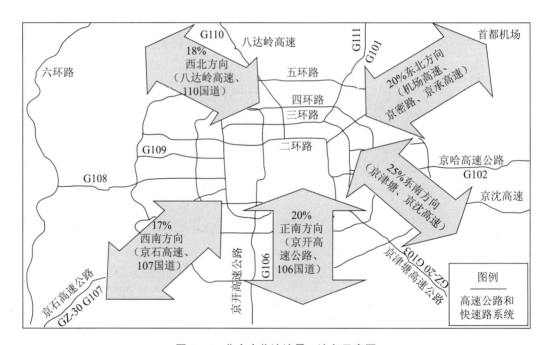

图4-4 北京市物流流量、流向示意图

资料来源：《北京市"十一五"时期物流业发展规划》。

（5）北京市公路货运社会化程度与日本相当

2007年，北京市公路运输营业性运输量为17872万吨，货运总量为315811万吨，营业性运输量已占到货运总量的56.6%，而2006年日本营业性运输量占货运总量的比例为53.4%。这说明北京市公路货运的社会化程度已经达到一定的水平，企业已经意识到物流社会化带来的效益。

（6）对现有物流基地的考核过于强调经济功能，而忽略了处于首位的公共服务功能

物流基地是城市功能的重要组成部分，它如同城市的公交系统、市政系统等公共事业一样，首要的是对城市经济社会的公共服务功能，其次才是经济功能。但目前有

很多地区把物流基地等同于工业开发区，将之视为完全意义上的营利组织，而很少从公共事业层面评价它的服务功能。受这种导向的影响，很多物流基地在招商引资过程中过于强调入园企业的产值及利税等经济指标，过于强调对所在地的经济贡献。这种衡量标准大大提高了物流基地的准入门槛，使大批提供社会物流服务的企业被挡在物流基地大门之外。据统计，在京的物流企业约有 4500 家，而进入政府规划基地项目的不到 10%，结果使得很多物流企业只能在物流基地之外驻扎，在政府规划基地之外出现了自发形成的物流集聚区。

2. 物流行业人才需求情况

"十二五"时期，随着国民经济总量的增长、经济结构的优化和人民生活水平的提高，在现代物流业规模扩张和结构调整的同时，对物流服务质量提出了更高的要求。物流业将会继续面临技能人才紧缺的局面，特别是生产一线的技能人才将更为紧缺。随着我国工业化、城镇化进程的不断推进，物流行业人才需求随之保持较快增长。根据 2004 年以来北京物流人才发展形势推算，2010—2020 年北京物流人才将以每年 5.2% 的速度增长，至 2015 年北京物流岗位从业人数将超过 300 万人，2020 年物流岗位从业人数将达到 390 万人，占城镇从业人数的比例达 9.5%，2010—2020 年年均增长 15 万人，而发达国家和地区的数据显示，物流从业人员占就业人口的比例约为 10%，我国仍将低于这一水平。预测数据显示，2020 年北京各类物流技能型人才将达到 60 万人，10 年年均增长 8.5%，高于物流人才总规模增长率 3.3%；各类物流专业人才将达 98 万人，10 年年均增长 13.1%，高于物流人才总规模增长率 7.9%，见表4-5。

2010 年北京物流岗位技能、专业技术人才合计占物流岗位从业人数的 23.6%，预计这一人数将保持较快增长，到 2015 年、2020 年两项人才所占比例可达 33%、40%。从技能人才看，2008 年北京中级工以上从业人员达 20 万人，占物流岗位从业人数的 9.5%。预计 2020 年北京中级工以上人员将达 60 万人，占比将提高至 15.5%。要特别说明的是，物流行业中技能型岗位占全行业从业岗位的 85%。根据目前统计技能人才的方法，取得相关职业资格证书的人员被纳入统计范围，由于物流业发展水平较低，大多数在岗人员虽然从事一线技能型工作，但技能水平没达到相应的职业资格要求。加之我国物流职业资格证书制度推出较晚，所以物流技能型人才占从事技能岗位人员比例偏低，2008 年北京物流技能型人才占全行业从业人员的 9.5%，按照目前的增长率，到 2020 年，北京物流技能型人才占全行业从业人员的比例将仅为 15.5%，人才供给与 85% 的岗位需求仍有巨大的差距。从专业技术人才看，2008 年北京具有专业技术职称的从业人员达到 19 万人，占物流岗位从业人员的 9.1%。预计到 2020 年，北京物流行业中级工以上人员将达到 98 万人，占比将提高至 25.2%。

表 4-5　　　　　　　　　　北京市物流行业未来几年人才需求预测

类别		2010 年人才状况		2015 年人才需求状况			2020 年人才需求状况		
		总量（万人）	分别占（一）或（二）小计的比例（%）	总量（万人）	分别占（一）或（二）小计的比例（%）	与 2010 年相比（%）	总量（万人）	分别占（一）或（二）小计的比例（%）	与 2010 年相比（%）
技能人才	中级工	10.63	39.71	13.70	31.02	−8.69	17.66	29.15	−10.56
	高级工	10.24	38.23	19.89	45.02	6.79	28.16	46.49	8.26
	技师	3.80	14.20	4.90	11.09	3.11	6.31	10.43	−3.77
	高级技师	2.10	7.86	5.68	12.87	5.02	8.44	13.93	6.07
	小计	26.77		44.17			60.57		
专业技术人才	初级专业人才	16.57	51.40	21.35	37.97	−13.43	27.52	27.84	−23.56
	中级专业人才	9.22	36.62	23.62	42.02	5.39	49.01	49.59	12.97
	高级专业人才	3.03	11.97	11.25	20.01	8.04	22.30	22.57	10.60
	小计	28.82		56.22			98.83		
两项人才合计		55.59		100.39			159.40		
物流岗位从业人员		236.1	12.21	304.2	18.48		392.0	25.21	

3. 物流行业对职业教育的需求

物流人才培养的具体工作任务和目标：进一步加快物流人才培养，完善物流人才培养的多层次教育体系，提高人才培养质量；规范和推进物流领域的职业资质认证工作；发展物流业在职人员培训体系，加强职业技能教育；加强物流人才培养的国际合作。

（1）完善物流人才培养的多层次教育体系

制订科学的培养目标和规划，进一步推进物流学科建设，合理规划物流专业研究生的培养体系；引导有关学校进一步加大教学投入，强化教学管理，深化教学改革，重视实践能力培养，完善普通高等本科院校、高等职业技术学校、中等职业技术学校三个层次的人才培养体系，提高物流人才培养质量。

（2）规范和推进物流领域职业资质认证

贯彻《国务院办公厅关于清理规范各类职业资格相关活动的通知》（国办发〔2007〕73 号）精神，将职业资质认证工作纳入国家统一管理，向社会公布并接受社会监督。大力推进物流师职业资质认证工作，充分调动行业社团组织的积极性，形成"管理规范，考培分离，注重实效"的资质认证体系。

（3）规范和发展物流在职人员培训体系

规范、鼓励、引导行业社团组织和有关职业培训机构对物流在职人员进行培训，提高企业参与培训的积极性，强化培训质量，提高物流在职人员的职业能力和素质。

（4）进一步加强物流人才培养的国际合作

探索建立物流类师资的海外培训和引进机制，加强与国外物流教育与培训机构的联合与合作，引进相应的国际物流专家，实现国际物流职业教育资格认证的引进与合作。

为实现上述任务和目标，需要职业教育提出下述应对措施。

①加强调研和预测工作

开展对欧美等发达国家物流高等教育的调研工作；完善我国物流业人才需求的预测机制；进行物流人才供求情况研究，争取定期发布物流专业人才的规模变化和供求情况。

②完善物流人才培养的多层次教育体系

进一步完善现行的《中等职业学校物流专业紧缺人才培养培训教学指导方案》；加强物流人才实践能力培养；支持高等本科院校建立一批物流实验室；继续将物流专业列为中央财政支持的职业教育实训基地建设项目；修订《高等职业教育物流管理类专业实训基地实训项目与设备配置推荐性方案》；举办全国物流职业技能大赛和全国大学生物流设计大赛；加强师资队伍建设，提高专业教师教学水平，每年举办不同层次的物流专业师资培训班、全国高校物流专业教学研讨会、物流教改教研课题立项等活动。

③发展物流在职人员培训体系

推动技工院校和职业培训机构开展物流专业教育和职业培训，进一步贯彻落实物流师国家职业标准；与国际物流机构进行交流与合作，积极开展国际物流职业教育体系的引进与合作，组织国内与国外相结合的培训班，引进国外物流专家；2015—2017年，分别完成600人、900人、1200人的物流职业经理人培训认证，培养一批战略管理层面的高端物流人才；在中央财政支持下建立全国远程物流职业教育中心，面向全国2000万物流从业人员开展物流职业教育，不断提高物流产业人员素质；2015—2020年，北京每年建立10个产学研基地，承担职业院校物流教学或培训任务。

5 北京职业教育发展分析

5.1 北京市高等职业教育基本情况

北京的高等职业教育经历了规模快速发展阶段后，转入了全面提高教育教学质量、注重效益的内涵发展新时期。至 2014 年，北京有独立设置高职院校 26 所，其中，北京地方教育部门所属高等职业院校 4 所、其他委办局或总公司所（属）高等职业院校 10 所、区县政府所属高等职业院校 3 所、民办院校 9 所①。

普通高等职业教育在校生总数达到 12.65 万人，招生数 4.38 万人，毕业生数 4.68 万人。教职工总数 1.2 万人，其中专任教师 5800 余人。北京现有国家示范性高等职业院校 4 所，国家骨干高等职业院校 2 所，北京市示范性高等职业院校 6 所。17 所院校的 26 个实训基地获得中央财政支持，获得国家级教学成果二等奖 4 项、北京市教学成果奖 27 项、国家级精品课程 24 门、北京市级精品课程 94 门、北京市教学名师 21 人、北京市优秀教学团队 30 个、北京市精品教材（含立项项目）225 项。在近两年的全国职业院校技能大赛中，共获得一等奖 7 项、二等奖 4 项、三等奖 9 项。高职毕业生初次就业率连续 3 年保持在 96% 以上。

5.1.1 高等职业教育学生情况分析

1. 高职院校学生数不断减少

《北京教育事业发展统计概况》的数据显示，2013—2014 年度在校生总数达 10.71 万人，毕业生总数 3.68 万人，招生数 3.76 万人。比 2012—2013 年度的在校生总数减

---

① 它们是北京工业职业技术学院、北京信息职业技术学院、北京电子科技职业学院、北京京北职业技术学院、北京青年政治学院、首钢工学院、北京农业职业学院、北京政法职业学院、北京财贸职业学院、北京北大方正软件职业技术学院、北京经贸职业学院、北京经济技术职业学院、北京汇佳职业学院、北京现代职业技术学院、北京科技经营管理学院、北京吉利学院、北京科技职业学院、北京培黎职业学院、北京交通职业技术学院、北京经济管理职业学院、北京劳动保障职业学院、北京社会管理职业学院、北京艺术传媒职业学院、北京科技大学延庆分校、北京交通运输职业学院、北京卫生职业学院。

少了 0.12 万人，毕业生数减少了 0.47 万人，招生数减少了 0.12 万人。由 2010 年以来的统计数据可以看出，北京高等职业院校的在校生数、毕业生数、招生数均在不断减少。如图 5-1 所示。

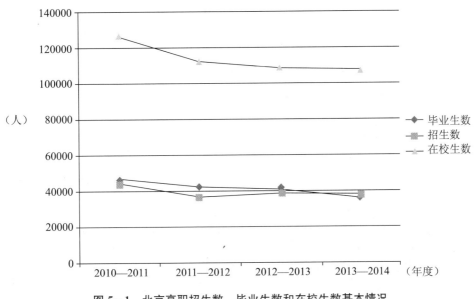

图 5-1 北京高职招生数、毕业生数和在校生数基本情况

2. 目前高职院校学生在各专业的分布情况

目前，北京高职教育的招生专业涉及 19 大类，即农林牧渔大类，交通运输大类，生化与药品大类，资源开发与测绘大类，材料与能源大类，土建大类，水利大类，制造大类，电子信息大类，环保、气象与安全大类，轻纺食品大类，财经大类，医药卫生大类，旅游大类，公共事业大类，文化教育大类，艺术设计传媒大类，公安大类，法律大类。图 5-2 是《北京教育事业发展统计概况》最新统计的 2013—2014 学年度高职各专业大类的在校生数、毕业生数和招生数。

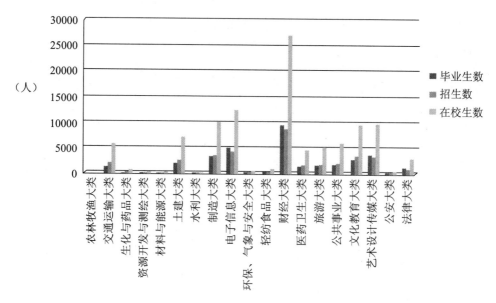

图 5-2 2013—2014 年度北京高职各专业在校生数、毕业生数和招生数

《北京教育事业发展统计概况》中的统计数据显示 2013—2014 年度财经大类专业的在校生数位居各专业榜首，占各专业在校生总数的 25.34％，而且财经大类专业的毕业生和招生数也均高于其他专业大类。电子信息大类的在校生数占各专业在校生总数的 11.51％，同时，其毕业生数和招生数也都位居所有专业大类的第二。所有专业大类中明显扩大招生规模的专业有交通运输大类、土建大类、文化教育大类和公共事业大类，其中，交通运输大类的招生数比毕业生数多 793 人，土建大类的招生数比毕业生数多 623 人，文化教育大类的招生数比毕业生数多 560 人，公共事业大类的招生数比毕业生数多 419 人。而财经大类、电子信息大类、艺术设计传媒大类的招生规模明显缩减，三大类的招生数均少于毕业生数，其差值分别为 730 人、921 人和 468 人。

此 19 大类高职专业毕业生数、招生数和在校生数对应三次产业的构成比例（％）分别为 1.3∶16.8∶81.9、1.8∶18.6∶79.6、1.7∶17.8∶80.4。由此可以看出，北京市高职教育以培养第三产业的人才为主，毕业生数、招生数和在校生数中对应第三产业的专业人数占比均达到 80％左右，都远远高于第一产业和第二产业的专业人数占比。另外，由统计数据横向对比可以看出，对应第一产业和第二产业的专业招生数占比略高于相应专业的毕业生数占比和在校生数占比。这反映了高职教育对第一产业、第二产业人才的招生和培养规模略有提高，而第三产业人才的招生规模稍有减少。如图 5-3所示。

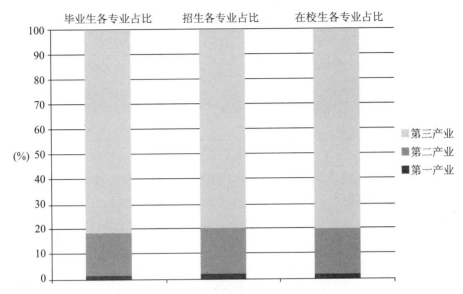

图 5-3　高职专业毕业生数、招生数和在校生数对应三次产业的构成比例

3. 近年北京市高职毕业生对应三次产业的构成比例变化

为了解 2010 年以来北京高等职业教育毕业生数专业构成情况，笔者以各专业大类的毕业生数对应三次产业的构成比例进行比较，结果如表 5-1 所示。

表 5-1　　　　　　　　　　北京市高职毕业生对应三次产业的构成比例

	第一产业	第二产业	第三产业
2010—2011 学年度高职毕业生各类专业占比（%）	1.5	15.2	83.3
2011—2012 学年度高职毕业生各类专业占比（%）	1.6	15.7	82.7
2012—2013 学年度高职毕业生各类专业占比（%）	1.5	15.7	82.7
2013—2014 学年度高职毕业生各类专业占比（%）	1.3	16.8	81.9

由数据分析结果可以看出目前北京市高等职业教育的人才培养以第三产业为主，近年来高职毕业生中对应第三产业的专业大类毕业生占高职层次人才社会供应量近八成。高职毕业生数对应三次产业的构成比例近年来保持相对稳定态势。

4. 近年北京市高职招生对应三次产业的构成比例变化

为了解 2010 年以来北京高等职业教育招生数专业构成情况，笔者以各专业大类的招生数对应三次产业的构成比例进行比较，结果如表 5-2 所示。高职招生数对应三次产业的构成比例近年来也基本保持相对稳定状态。

表 5-2　　　　　　　　　　北京市高职招生对应三次产业的构成比例

	第一产业	第二产业	第三产业
2010—2011 学年度高职招生各类专业占比（%）	1.2	16.2	82.5
2011—2012 学年度高职招生各类专业占比（%）	1.6	18.1	80.3
2012—2013 学年度高职招生各类专业占比（%）	1.7	17.7	80.7
2013—2014 学年度高职招生各类专业占比（%）	1.8	18.6	79.6

5. 高职招生数与高职毕业生数对应三次产业的构成比例横向对比分析

对高职招生数与高职毕业生数对应三次产业的构成比例进行分析，不难发现，与第一产业和第二产业对应的高职招生的比值比高职毕业的比值略有增加，与此同时，与第三产业对应的高职招生的比值比高职毕业的比值略有下降。这说明近年来北京市教育主管部门对本区域的高职教育培养人才的专业结构进行了微调，这与本区域经济发展对第一产业和第二产业人才需求的层次高移有密切关系。

5.1.2　高等职业教育师资情况分析

1. 教职工总量减少，专任教师占比略有增加

目前，北京市高等职业院校教职工总数 1.07 万余人，其中专任教师 5400 余人。2010 年以来，北京市高等职业学校的教职工总数在逐年减少，由 2010—2011 学年度的12874 人减少到 2013—2014 学年度的 10763 人，四年间减少了 2111 人；专任教师也由2010—2011 学年度的 6272 人减少到 2013—2014 学年度的 5473 人，四年间减少 799 人。这说明北京市高等职业院校在师资数量不断减少的同时，其整体结构方面也发生了一些变化，非专任教师的教职工数量减少幅度高于专任教师数量的减少幅度，如图5-4所示。

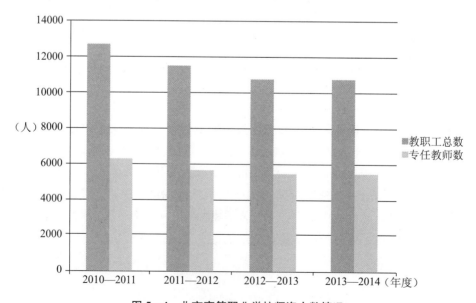

图 5-4　北京高等职业学校师资人数情况

2010 年以来，北京高等职业学校的专任教师占教职工总数的比例有所增加，由 2010—2011 学年度的 49.50% 逐年略有增加，到 2013—2014 学年度专任教师占比达到 51.68%。

2. 生师比略有上升

近年来，北京高等职业教育院校生师比略有增加，据有关数据统计，2010—2011 学年度的生师比为 18.99：1，2013—2014 学年度生师比增加到 19.57：1。

3. 目前高等职业教育师资的职称分布

最新统计数据显示，2013—2014 学年度的专任教师占教职工总数的 50.85%，其中，具有正高级职称的教师数占专任教师总数的 3.78%，具有副高级职称教师数占 25.73%，这样，具有高级职称的教师数占比合计近 30%。具有中级职称教师数和初级职称教师数分别占专任教师总数的 47.82% 和 15.79%，未定级教师数占 6.89%。如图 5-5 所示。

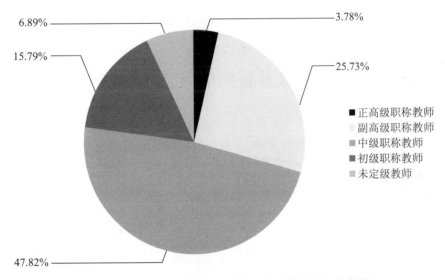

图 5-5　2013—2014 学年度高职院校专任教师职称分布状况

4. 近年来各类职称教师的数量变化

自 2010 年以来的统计数据显示，北京高职院校的专任教师数连年减少，近两年专任教师减少进度放缓，正高级职称教师数小幅减少，副高级职称教师数和中级职称教师数有所增加，而初级职称教师和未定级教师数却有较大幅度减少。其原因是近年来高职院校新入职教师数减少，在职教师中的中青年教师业务能力迅速成长，职称得以晋升，这使得中级职称和副高级职称的教师数在教师总数减少的趋势大背景下不减反增。而随着原有正高级职称教师的退休，后备高级人才没有完成补充和更替，使得这部分教师数不断减少。各类职称教师数量的变化情况见图 5-6。

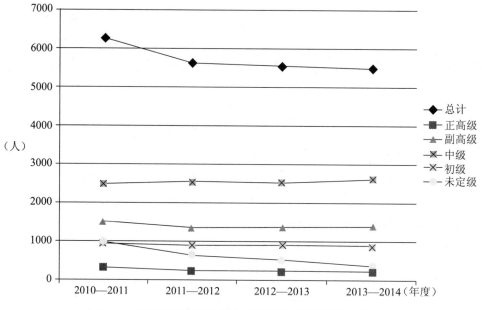

图 5‑6　北京近年来高职院校各类职称教师数量的变化情况

5.2　北京市中等职业教育基本情况

　　根据全国教育工作会议和《国家中长期教育改革和发展规划纲要（2010—2020年)》精神，北京市中等职业教育工作加大了布局结构调整力度，加强了基础能力建设。通过调整撤并，北京市中等职业学校由 2010 年的 124 所调整为 2014 年的 97 所。目前，有独立设置的普通中等专业学校 31 所，其中，直属中央部门的 7 所、北京地方教育部门所属的 42 所、地方其他部门所属的 20 所、地方企业所属的 5 所。另有成人中等专业学校 11 所、职业高中学校 55 所，还有附设中职班的 25 所（此项不计入校总数）。

5.2.1　中等职业教育学生情况分析

　　1. 中等职业教育学生总量变化

　　《北京教育事业发展统计概况》的数据显示，2013—2014 学年度中等职业学校在校生总数达 16.54 万人，毕业生数 7.58 万人，招生数 5.56 万人。由 2010 年以来的统计数据可以看出，北京中等职业院校的在校生数在 2012—2013 学年度达到 1.89 万余人，高于近期的其他学年度，其他年度在校生均在 1.6 万人左右。毕业生数在 2013—2014学年度出现峰值，较其他年度多 2 万余人。招生数的峰值出现在 2012—2013 学年度，为 6.4 万人。北京市中等职业学校在校生数、毕业生数、招生数对比情况如图 5‑7所示。

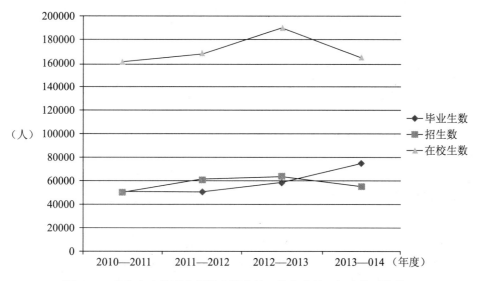

图 5-7 北京市中等职业学校在校生数、毕业生数、招生数对比情况

2. 目前中等职业教育的专业分布

目前，北京中等职业教育的招生专业涉及 19 大类，即农林牧渔大类、交通运输大类、生化与药品大类、资源开发与测绘大类、材料与能源大类、土建大类、水利大类、制造大类、电子信息大类、环保、气象与安全大类、轻纺食品大类、财经大类、医药卫生大类、旅游大类、公共事业大类、文化教育大类、艺术设计传媒大类、公安大类、法律大类。图 5-8 是《北京教育事业发展统计概况》最新统计的 2013—2014 学年度中职各专业大类的在校生数、毕业生数、招生数。

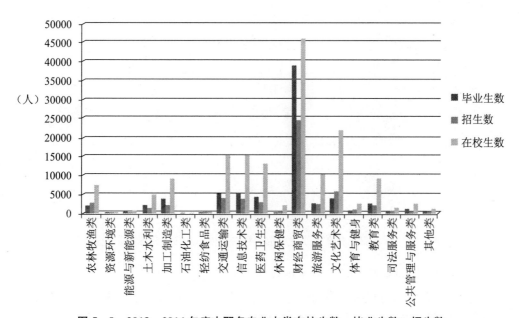

图 5-8 2013—2014 年度中职各专业大类在校生数、毕业生数、招生数

101

由图 5-8 可以看出，在校生数在 2 万人以上的是财经商贸类和文化艺术类专业，其中，财经商贸类专业的在校生数达到了 4.5 万人以上，位列第一，占各专业在校生总数的 27.95%，而且该专业大类的毕业生数和招生数也远高于其他专业大类，但其在该学年度的招生数比毕业生数少 1.5 万人，该专业大类的招生规模明显缩减必将对中等职业教育培养人才的专业结构产生影响，这也是北京市教育部门对中职教育进行专业调整的信号。另外，交通运输类专业、信息技术类专业和医药卫生类专业的在校生数也都分别超过了 1 万人，招生数与毕业生数相比减少 1000 人左右。该学年度只有文化艺术类和农林牧渔类的招生数多于毕业生数，分别超出毕业生数 1800 人和 1000 人，这说明这两个专业的招生规模在该年度总招生数减少的大背景下却有所扩大。

在中等职业教育所设置的 19 大类专业中，中职专业毕业生数、招生数和在校生数对应三次产业的构成比例（%）分别为 2.4∶9.3∶88.3、5.1∶7.2∶87.7、4.5∶9.7∶85.8。由此可以看出，北京市中等职业教育以培养第三产业的人才为主，毕业生数、招生数和在校生数对应第三产业的专业人数占比均在 85% 以上，都远高于第一产业和第二产业的专业人数占比。另外，由统计数据横向对比可以看出对应第一产业的专业招生数占比略高于相应专业的毕业生数占比和在校生数占比，而第二产业、第三产业的专业招生数占比都略低于相应专业的毕业生数占比和在校生数占比。这反映出中等职业教育对第一产业人才的招生和培养规模略有提高，而对第二产业、第三产业人才的招生规模稍有减少。如图 5-9 所示。

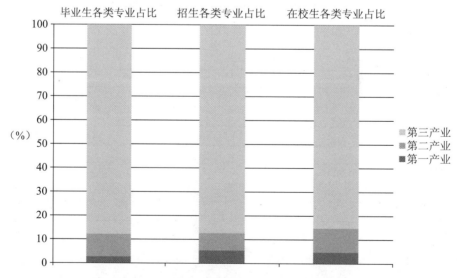

图 5-9　中等职业教育毕业生、招生和在校生对应三次产业的构成比例

3. 近年来北京中等职业教育毕业生数专业构成变化

为了解 2010 年以来北京中等职业教育毕业生数专业构成情况，笔者以各专业大类的毕业生数对应三次产业的构成比例进行比较，结果如表 5-3 所示。

表 5-3　　　　北京市中等职业学校毕业生对应三次产业的构成比例

	第一产业	第二产业	第三产业
2010—2011 学年度中等职业学校毕业生各类专业占比（%）	3.9	15.1	81.0
2011—2012 学年度中等职业学校毕业生各类专业占比（%）	3.7	13.9	82.4
2012—2013 学年度中等职业学校毕业生各类专业占比（%）	3.4	10.2	86.4
2013—2014 学年度中等职业学校毕业生各类专业占比（%）	2.4	9.3	88.3

4. 近年来北京中等职业教育招生数专业构成变化

为了解 2010 年以来北京中等职业教育毕业生数专业构成情况，笔者以各专业大类的招生数对应三次产业的构成比例进行比较，结果如表 5-4 所示。

表 5-4　　　　北京市中等职业学校招生对应三次产业的构成比例

	第一产业	第二产业	第三产业
2010—2011 学年度中等职业学校招生各类专业占比（%）	2.5	9.4	88.1
2011—2012 学年度中等职业学校招生各类专业占比（%）	3.7	8.8	87.5
2012—2013 学年度中等职业学校招生各类专业占比（%）	1.9	6.7	91.4
2013—2014 学年度中等职业学校招生各类专业占比（%）	5.1	7.2	87.7

5.2.2　中等职业教育师资情况分析

1. 教职工总量先减后增，专任教师占比略有增加

目前，北京市中等职业学校教职工总数 1.55 万人，其中专任教师 9200 余人。2010 年以来，北京市高等职业学校的教职工总数经历了大幅减少之后又稍有回升的过程，由 2010—2011 学年度的 18785 人减少到 2011—2012 学年度的 13332 人，一年间减少 5453 人；专任教师也由 2010—2011 学年度的 10241 人减少到 2011—2012 学年度的 7787 人，一年间减少 2454 人。中等职业学校教职工数的大幅减少与此阶段北京市教委对中等职业学校进行整体调整撤并有直接关系，其中，一些中职学校重组后升格为高等职业院校。随后，中等职业学校教职工总数和专职教师数又略有增加，到 2013—2014 学年度，中等职业学校教职工总数和专职教师数分别增至 15501 人和 9212 人。专任教师占比由 2010—2011 学年度的 54.52% 增至 2013—2014 学年度的 59.43%。

2. 生师比上升

近年来，北京中等职业教育学校生师比略有增加，数据统计得出，2010—2011 学年度的生师比为 15.80∶1，至 2013—2014 学年度，生师比增加到 17.95∶1。

3. 目前中等职业教育师资的职称分布

最新统计数据显示，2013—2014 学年度的专任教师占教职工总数的 60.20%，其中，具有正高级职称的教师数占专任教师总数的 0.52%，具有副高级职称教师数占

25.91％，这样，具有高级职称的教师数占比合计略超过 25％。具有中级职称教师数和初级职称教师数分别占专任教师总数的 40.74％和 23.08％，未定级教师数占 9.76％。如图 5－10 所示。

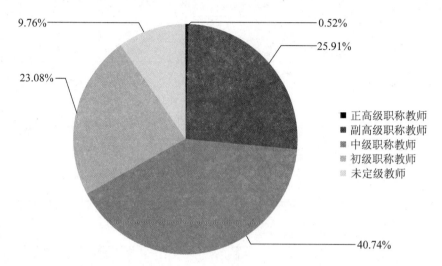

图 5－10　2013—2014 学年度中等职业学校专任教师职称分布状况

4. 目前中等职业学校各学科专任教师分布状况

据 2013—2014 学年度北京市中等职业学校分学科专任教师数的统计数据显示，文化艺术类学科的教师数为 784 人，在 19 类学科中居首；其次为信息技术类学科的教师数，为 536 人；财经商贸类学科教师人数居第 3 位，为 422 人。2013—2014 学年度北京市中等职业学校分学科专任教师数分布情况如图 5－11 所示。

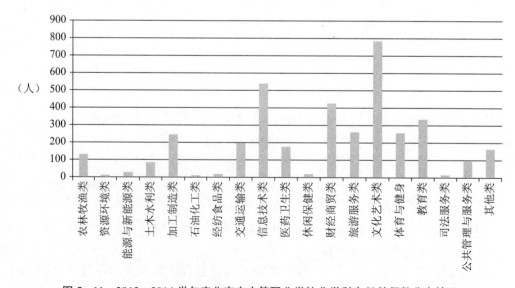

图 5－11　2013—2014 学年度北京市中等职业学校分学科专任教师数分布情况

5.3　北京市职业教育改革的重大举措

北京市高职教育以服务发展为主线，以改革创新为动力，以高端、优质和特色建设为重点，实施职业教育制度创新项目，面向高端装备制造、电子信息、现代交通、生物医药、旅游、社会服务、文化创意等产业，组织开展专业改革试验，积极探索建立现代职业教育体系。

5.3.1　以分级制试点探索构建现代职教体系路径

北京市职业教育积极探索构建现代职教体系，推进"探索职业教育集团化办学模式"、"探索建立职业人才成长立交桥"等国家教育体制改革试点项目。

2010年以来相继建立北京交通职教集团、昌平职教集团、北京现代制造业职教集团、北京商贸职教集团、北京电子信息职教集团。职业教育集团化办学模式将有力推动职业院校与行业企业的深度合作，建立双向参与、双向服务、合作共赢机制。

启动"3+2"中高职教育衔接办学试验，选出8所高职学校、9所中职学校10个专业开展衔接办学试点。

深化人才培养模式改革，依托一批中高等职业学校和老年服务机构，共同组建北京市老年服务与管理专业联盟，成立老年服务管理专业建设行业指导委员会，研究制定老年服务管理专业人才培养标准、岗位职业基本能力要求，推动职业院校与行业企业开展深度合作，产教结合、校企合作培养人才。

为贯彻《国家中长期教育改革和发展规划纲要（2010—2020年）》精神，完善职业教育基本制度，形成体现终身教育理念、职业教育特色和技能型人才成长规律的现代职业教育体系，满足人民群众接受职业教育的需求和经济社会发展对高素质劳动者及技能型人才的需要，2011年北京市教委决定，在北京联合大学、北京工业职业技术学院等10所高等院校和北京市昌平职业学校等6所中等职业学校开展职业教育分级制度改革试验项目立项的前期论证和申报工作。

北京市职业教育分级制改革项目的基础研究、方案设计与实施，大致划分为自主研究与系统设计、政策协调与试验准备、试点专业遴选、试验项目申报论证、试验项目实施5个阶段。

目前已完成先期改革试点12个专业改革方案论证，以职业教育分级制为基础的"我国现代职业教育体系研究"被确定为国家社科基金教育学重大课题。推进职业教育分级制改革试验，组织参与试验的职业院校总结交流试点工作经验，组织行业企业、人力资源开发、教学和教育研究等方面专家进行指导。

遴选出的12个进行职业分级改革试点专业，均符合如下条件，即服务北京市重点产业或新兴产业，有较强的行业组织，职业的社会吸引力较强，职业的分级特征明显，有利于构建分级体系，具备密切合作的企业，企业在行业内具有重要影响，企业自身发展对分级制改革有内在需求，专业基础好、发展势头好等。

在论证过程中，注意整合北京市各类职业教育资源，形成改革合力，由负责前期论证工作的学校牵头，联合相关企业、相关学校（或教育培训机构）等合作开展论证，积极吸收行业企业专家、职业教育研究专家作为骨干力量，参与方案研究、过程监控和指导评价；坚持产教结合、校企合作的工作方针，紧密结合行业企业实际需求，融合教育标准和职业标准，体现了从职业出发育人的教育属性，使分级制教育与职业需求零距离对接；注重发挥职业教育面向人人、服务终身的教育功能，在方案设计上既要考虑人们在职业教育体系中的升学需要，适应不同既往学习经历的人们方便地参加职业教育继续学习，为学习者提供选择机会和制度保证；加强学习和借鉴国内外职业教育改革成功经验，发扬北京市示范性职业院校建设、专业课程改革和国际合作的成果和优势，解放思想，群策群力，破解改革发展难题。

北京职业教育分级制度是将现行职业教育培养体系设置为 1 级至 5+ 级，试图建立一套职业教育学历体系与职业资格框架融通的新的职业教育制度。分级制度打通了现有中高职教育并进一步丰富了职业教育层次，使职业教育的阶段性与发展性相统一；打通了不同管理体制下各类职业教育资源，在分级制度框架下实现了职业教育机构个性和职业教育资源共性的统一；打通了职前、职后教育，面向普通教育开放，方便不同既往学习经历的社会成员自主选择学习，服务终身教育要求。

职业教育分级标准源于职业、高于职业并服务于职业，建立在大量基础调研和典型研究基础上，使用"职业仓"分析模型和职业分析技术，将职业胜任能力要求划分为可记录的显性行为动作和可表述的隐性心理活动，再结合人的全面发展要求，形成职业教育不同层级的培养目标、规格和要求。职业教育分级标准实施过程中，允许教育机构在标准框架内突出办学特色、创新教育模式、自主安排学制进度、组织教育教学活动；允许教师以标准为依据，转化标准、制订教学计划、组织教学活动、开发课程和教材。

北京市职业教育分级制改革项目实施的总体情况：2011 年，北京市分级试点专业共招生 1074 人，其中，2 级 133 人，4 级 921 人，5 级 20 人；涉及学校 24 所，其中，本科学校 1 所，高职学校 12 所，中职学校 11 所。

北京市职业教育分级制的理念、内容、体系及实施既是建立现代职业教育体系的有益尝试，又是职业教育人才培养模式的积极创新，更是校企之间的深度融合的集中表现。

5.3.2 构建中高职衔接协调发展的职业教育体系

2010 年 7 月颁布实施的教育规划纲要明确提出，到 2020 年形成适应经济发展方式转变和产业升级要求，体现终身教育理念，中等和高等职业教育协调发展的职业教育体系。国务院办公厅于 2010 年 12 月印发《关于开展国家教育体制改革试点的通知》，公布了改革职业教育办学模式、构建现代职业教育体系的试点地区，北京市部分区被纳入开展地方政府促进高等职业教育发展综合改革试点地区，同时，北京市也被纳入探索建立职业教育人才成长"立交桥"，构建现代职业教育体系的试点城市。

2011 年 1 月，教育部副部长鲁昕在全国教育工作会议上指出，积极推进建设适应经济发展、产业结构调整、体现终身教育理念、中等和高等职业教育协调发展的现代职教体系；鼓励地方按照试点项目要求探索五年制高职、中职与高职相互衔接、在职继续学习以及各阶段职教课程体系、学分互认等相互衔接的改革与创新。

根据北京市教育委员会《关于开展中高等职业教育衔接办学工作试点的通知》精神，在部分中高等职业院校招收应届初中毕业生，开展以"3＋2"为主体的中高职衔接办学试验及相关招生考试试点。"3＋2"试验班学生，按照教学计划修满规定课程，成绩合格，即可成班建制参加相应高等职业院校自主组织的转段考试（列入当年自主招生计划），淘汰率一般不超过 5%，通过考试的学生，即可进入相应高等职业院校学习。在试验班就读的学生，前三年纳入中等职业学校的学籍管理，学生完成三年中职课程，可发中职毕业证书；后两年（或三年）纳入高等职业学院学籍管理，毕业时获得高职（大专）毕业证。

根据"构建适应经济发展方式转变和产业结构调整要求、体现终身教育理念、中等和高等职业教育协调发展的现代职业教育体系"的要求，2014 年北京市教委继续扩大"3＋2"中高职教育衔接办学改革试点。在院校申报的基础上，综合院校合作意愿、社会需求、专业布点、以往招生等情况，公布了 2014 年"3＋2"中高职衔接办学改革试点学校和专业，如表 5-5 所示。

表 5-5　　2014 年北京 3＋2 中高职衔接试点项目列表（专业）

序号	高职专业	高职学院	中职专业	中职学校	中职专业大类
1	园林技术	北京农业职业学院	园林技术	北京市园林学校	农林牧渔类
2	水利工程施工技术（水质监测与运行方向）	北京农业职业学院	环境治理技术	北京市环境与艺术学校	资源环境类
3	水利工程施工技术（工程施工方向）	北京农业职业学院	水利水电工程施工	北京水利水电学校	土木水利类
4	高等级公路维护与管理	北京交通职业技术学院	建筑工程施工	北京金隅科技学校	土木水利类
5	楼宇智能化工程技术	北京农业职业学院	楼宇智能化设备安装与运行	北京城市建设学校	土木水利类
6	电气自动化技术	北京电子科技职业学院	电气运行与控制	北京铁路电气化学校	加工制造类

序号	高职专业	高职学院	中职专业	中职学校	中职专业大类
7	数控技术	北京电子科技职业学院	数控技术应用	北京金隅科技学校	加工制造类
8	数控技术	北京劳动保障职业学院	机械制造技术	北京市平谷区第一职业学校	加工制造类
9	模具设计与制造	北京工业职业技术学院	模具制造技术	北京市自动化工程学校	加工制造类
10	城市轨道交通控制	北京劳动保障职业学院	城市轨道交通运营管理	北京铁路电气化学校	交通运输类
11	城市轨道交通车辆	北京交通运输职业学院	城市轨道交通车辆运用与检修	北京市电气工程学校	交通运输类
12	城市轨道交通运营管理	北京交通运输职业学院	城市轨道交通运营管理	北京市自动化工程学校	交通运输类
13	城市轨道交通运营管理	北京交通运输职业学院	城市轨道交通运营管理	北京市商业学校	交通运输类
14	城市轨道交通运营管理	北京交通职业技术学院	城市轨道交通运营管理	北京市昌平职业学校	交通运输类
15	汽车检测与维修技术	北京吉利大学	汽车制造与检修	北京市昌平职业学校	交通运输类
16	汽车技术服务与营销	北京交通运输职业学院	汽车运用与维修	丰台职教中心校	交通运输类
17	汽车技术服务与营销	北京培黎职业学院	汽车运用与维修	延庆一职	交通运输类
18	汽车检测与维修技术	北京现代职业技术学院	汽车运用与维修	顺义区汽车技术职业高中	交通运输类
19	酒店管理	北京劳动保障职业学院	航空服务	北京市昌平职业学校	交通运输类
20	电子信息工程技术	北京电子科技职业学院	电子信息技术	北京市电气工程学校	信息技术类
21	计算机网络技术	北京北大方正软件技术学院	计算机网络技术	北京信息管理学校	信息技术类

序号	高职专业	高职学院	中职专业	中职学校	中职专业大类
22	计算机网络技术	北京信息职业技术学院	计算机网络技术	北京市经济管理学校	信息技术类
23	物流管理	北京信息职业技术学院	物联网技术应用（物流管理方向）	北京市商务科技学校	信息技术类
24	人物形象设计（服装服饰方向）	北京电子科技职业学院	服装设计与工艺	北京国际职业教育学校	文化艺术类
25	影视动画	北京信息职业技术学院	动漫游戏	北京信息管理学校	文化艺术类
26	市场营销	北京财贸职业学院	珠宝玉石加工与营销	北京市商业学校	财经商贸类
27	会计	北京财贸职业学院	会计	北京商贸学校	财经商贸类
28	电子商务	北京工业职业技术学院	电子商务	北京市黄庄职业高中	财经商贸类
29	电子商务	北京信息职业技术学院	电子商务	北京市商业学校	财经商贸类
30	物流管理	北京财贸职业学院	物流服务与管理	北京市商务科技学校	财经商贸类
31	物流管理	北京财贸职业学院	物流服务与管理	房山职业学校	财经商贸类
32	商务英语	北京经济管理职业学院	商务英语	北京信息管理学校	财经商贸类
33	导游	北京财贸职业学院	旅游服务与管理	北京国际职业教育学校	旅游服务类
34	酒店管理	北京财贸职业学院	酒店服务与管理	北京市外事学校	旅游服务类
35	法律文秘	北京政法职业学院	文秘（法律文秘方向）	北京市财会学校	公共管理与服务类
36	劳动和社会保障	北京政法职业学院	社会保障事务	北京国际职业教育学校	公共管理与服务类

续　表

序号	高职专业	高职学院	中职专业	中职学校	中职专业大类
37	食品营养与检测	北京城市学院	产品质量监督与检验（食品质量监督检验方向）	北京市经济管理学校	公共管理与服务类
38	食品营养与检测	北京城市学院	产品质量监督检验（食品质量监督检验方向）	北京商贸学校	公共管理与服务类
39	老年服务与管理	北京社会管理职业学院	护理	北京市昌平卫校	医药卫生类
40	护理	北京北大方正软件技术学院	护理	首都铁路卫生学校	医药卫生类
41	中药	北京城市学院	中药	北京市实验职业学校	医药卫生类
42	学前教育	北京汇佳职业学院	学前教育	北京市求实学校	教育类
43	学前教育	北京汇佳职业学院	学前教育	丰台职教中心校	教育类
44	学前教育	北京汇佳职业学院	学前教育（保育员方向）	北京新城职业学校	教育类
45	学前教育	北京汇佳职业学院	学前教育	北京市实美职业学校	教育类
46	学前教育	北京汇佳职业学院	学前教育（保育员方向）	密云县职业学校	教育类
47	学前教育	北京汇佳职业学院	学前教育（保育员方向）	延庆一职	教育类
48	学前教育	北京汇佳职业学院	学前教育（保育员方向）	北京市怀柔区职业学校	教育类
49	学前教育	北京城市学院	学前教育	北京海淀艺术职业学校	教育类
50	学前教育	北京城市学院	学前教育	北京市黄庄职业高中	教育类

北京市教委针对 2014 年"3＋2"中高职衔接办学改革试点工作还提出如下要求。

1. 确定试点专业招生规模

原则上试点专业安排 1～2 个教学班（人数控制在 60 人以内）。参加试点的中高职院校要联合合理确定试验班的招生规模，尤其高职学院在同一专业和多所中职学校合作的，招生计划不得突破学校自主招生计划。试点中职学校要将试点专业列入 2014 年招生计划和招生简章，做好招生准备工作。

2. 研究制定人才培养方案

人才培养方案是贯穿整个培养过程的纲领性文件，各试点院校应按照《关于开展中高等职业教育衔接办学工作试点的通知》（京教职成〔2012〕3 号）和《关于"3＋2"中高等职业教育衔接办学试点人才培养方案制定中相关问题的通知》（京教函〔2012〕379 号）有关要求，建立、健全工作协调机制。中高职院校要密切配合，并争取行业企业的深度参与，坚持"共同研究、协同创新、整体设计、系统培养"的原则，深入开展需求调研，研究制定整体性衔接培养方案，尤其要加强专业培养目标、课程设置、课程内容的统筹和衔接，切实优化人才培养过程，共同完成高技能人才的系统培养工作。

3. 完善人才培养方案

试点的高职院校要提交与合作中职学校共同研究制定的一体化人才培养方案。北京市教委将组织专家评审论证，试点学校要按照专家意见，修改完善人才培养方案，将修改后的人才培养方案盖章后提交北京市教委备案。试点学校要严格按人才培养方案开展试点教育教学工作，人才培养方案执行过程中如确需调整，应共同研究，进行微调，并即时报北京市教委备案。

4. 试点教育教学及管理有关要求

试点中高等职业院校要充分发挥各方面资源优势，科学统筹、整体实施人才培养方案。

6 北京区域经济发展与职业教育互动状况研究

6.1 北京区域经济发展与职业教育互动状况分析

如前所述，在以舒尔茨为代表的经济学家提出人力资本理论之后，教育尤其是职业教育对经济增长的贡献更为人们所重视。社会生产规模越大，技术水平越高，生产的社会化程度越高，社会生产中需受职业教育的劳动力人数越多，两者的关系就越密切。舒尔茨认为，个人人力资本存量（即受教育程度）与其收入正相关，它是以教育与劳动生产率的正相关以及劳动生产率与工资的正相关为基础的。教育促进经济增长，但这种作用也依赖于经济的增长，教育与经济的关系是通过动态发展过程实现的。

纵观发达国家的经济发展史，应用开发型人才发挥了重要的作用，职业教育无论是在培养人才、社会服务中还是在技术创新与转让中，都以市场为导向，与区域经济发展水乳交融。职业教育成为美国经济增长的"加速器"。作为世界上最早开办高等职业教育的国家，迄今美国已经建立了包括社区学院、技术学院、区域学校和工业管理学院等在内的多层次、多种类高等职业教育体系。这些高等职业院校为美国培养了大批技术性人才。美国前联邦储备委员会主席格林斯潘曾对美国社区学院高度评价："社区学院的大规模发展是件了不起的事情，它确实对我国的劳动力产生了非常积极的影响。"在职业教育很发达的德国有一种共识：教育是对未来的投资，没有经过职业教育的人不能进入工作岗位；中学毕业后若不谋求上普通大学，年轻人通常必须接受一种职业教育或职业培训。职业教育在德国不仅保证了年轻人能掌握一种胜任工作的技能，更为年轻人开辟了一条成功的职业道路。德国前总理科尔曾明确指出，职业教育是德国复兴经济的"秘密武器"。在日本，职业教育也被视为"经济增长的柱石"。

事实证明，区域经济发展需要充分发挥职业教育的功能，同时，职业教育的发展也需要适应区域经济发展，才能更好地为区域经济发展提供服务。职业教育作为与经济社会联系最为紧密的教育类型，与区域经济社会发展之间存在着相互影响、相互作用的互动关系。职业教育的发展直接影响到生产力水平的提高和经济社会的可持续发展。发展职业教育，可以推动社会经济发展。区域经济社会为职业教育提供了发展机遇，并制约着职业教育的改革和发展；职业教育对区域经济社会发展具有促进作用。由此可见，职业教育与社会经济之间应是一种动态的关系。

北京的职业教育依托首都经济，以可持续发展的人力资源开发特别是技术技能型人才培养为主要功能，形成了中等和高等两个层次的职业教育共同发展、学历教育与职业培训并举的格局，已成为促进首都经济和社会发展以及劳动就业的主要途径。伴随着社会的发展及经济的进步，尤其进入 21 世纪，信息技术比较发达，新兴产业不断涌现，竞争更加激烈，首都经济结构和增长方式不断调整转变，社会需要新型应用技能性人才，这要求人才的类型、品质、标准都将随之改变。北京的职业教育在不断探索中前行。受到产业结构变化的影响，北京职业教育结构及层次不断调整，日趋完善合理，同时，北京职业教育的发展对产业结构向合理化、协调化、高度化方向发展也起到助推作用。本章将就北京区域经济发展与职业教育互动状况进行阐述和深入分析。

6.1.1 宏观层面

职业教育发展与经济系统的演化与经济发展密不可分。北京区域经济与职业教育的互动体现在依据北京区域经济发展要求，并在国家层面的职业教育改革整体布局设计的基础上，北京的职业教育发展从战略层面不断创新观念，逐步确立首都职业教育体系，理顺职业教育与其他类型教育的关系和衔接方法，从战略定位、基本框架、基本制度、保障措施等方面对职业教育做出政策性整体规划。

1. 职业教育发展规划与区域经济发展规划的互动

近年来，北京的职业教育被作为首都教育现代化创新工程的突破口和着力点，北京把抓职业教育看作提升首都城市综合竞争力、增强人力资源能力建设、树立首都人才形象和体现北京教育综合发展实力的重要举措，依据区域经济发展规划的调整，及时出台与之互动协调的职业教育发展规划。

《北京市国民经济和社会发展第十一个五年规划纲要》指出，紧紧围绕"新北京、新奥运"战略构想，创新体制，调整结构，优化环境，加强管理，全面发展。必须注重统筹协调发展，创出首都发展新路。要毫不动摇地坚持以经济建设为中心，把握大局，紧抓机遇，加快发展。同时，要高度重视经济社会发展中的薄弱环节，加大工作力度，努力解决"三农"问题，推动各项社会事业全面进步，实现城乡协调和可持续发展。必须着力推进增长方式转变，充分发挥首都资源优势，注重结构调整和增长方式转变，注重速度与结构、质量、效益相统一，增强自主创新能力，走内涵式、集约型发展道路，逐步解决首都的人口资源环境问题。

"十一五"期间，北京职业教育以"大力发展"为主题，相应提出六个统筹的概念和职业教育发展规划，即统筹职业教育与经济建设、劳动就业和人力资源开发协调发展；统筹教育规模、质量、结构、效益的协调发展；统筹城乡教育和区域教育的协调发展；统筹职业教育与其他各类教育的协调发展；统筹职业学校教育与职业培训、学历证书与职业资格证书的协调发展；统筹中等职业教育和高等职业教育的协调发展。其中，把"统筹职业教育与经济建设、劳动就业和人力资源开发协调发展"放在了职业教育发展的首位。

《北京市国民经济和社会发展第十二个五年规划纲要》确定了首都着眼建设中国特色世界城市，全面实施人文北京、科技北京、绿色北京的战略定位，深入推进经济发展方式，发展总部经济，提升首都的国际化水平，建设中国特色世界城市。提升自主创新能力，构建现代产业体系，推进都市型现代农业发展，打造先进制造业产业链，全面提升三次产业发展水平，推进服务业转型，强化金融服务，提升信息服务，壮大科技服务，促进商务服务，优化流通服务，提升文化创意产业，大力发展旅游业，优化经济布局。

"十二五"期间，北京职业教育适应北京经济结构、支柱产业优化升级和世界城市建设的需求，按照"政府推动、行业主导、学校为主、企业参与、骨干带动"的组建原则和"行业穿成线"、"区域捏成团"的组建模式，整合职业教育资源，积极稳妥地推进北京交通、现代制造、财经商贸、电子信息和昌平职业教育集团的办学工作，探索形成了以供需对接、标准对接、队伍融合、产教结合、优化结构为特色的职教集团化办学模式。

努力推动职业教育，为打造"北京制造"、"北京创造"、"北京服务"品牌提供技术技能人才支持和智力服务。通过开展以石景山区政府与北京工业职业技术学院合作为代表的地方政府促进高等职业教育发展综合改革试点，积极探索、推动职业教育服务于战略性新兴产业、创新型企业和重点区域发展。

以需求为导向，不断加大职业教育新专业的开发和建设力度，引进国际先进的职业教育课程，深化人才订单培养、高技能人才和具有国际视野的技术技能人才培养的机制，为区域和企业提供应用科研、技术和员工素质培训等服务。

2. 职业教育体系构建与区域经济发展互动

我国相继颁布了《国民经济和社会发展第十二个五年规划纲要》、《国家中长期教育改革和发展规划纲要（2010—2020年）》、《国务院关于加快发展现代职业教育的决定》和《现代职业教育体系建设规划（2014—2020年）》，将职业教育视为国家竞争力的重要支撑，作为增强国家竞争力特别是发展实体经济的战略选择，力求在新一轮国际竞争中建立巩固的、可持续的人才和技术竞争优势。明确了现代职业教育定位与构建现代职业教育体系的整体规划和目标，即现代职业教育是服务经济社会发展需要，面向经济社会发展和生产服务一线，培养高素质劳动者和技术技能人才并促进全体劳动者可持续职业发展的教育类型。建立现代职业教育体系，促进现代职业教育服务转方式、调结构、促改革、保就业、惠民生和工业化、信息化、城镇化、农业现代化同步发展的制度性安排，对促进中国经济升级，创造更大人才红利，促进就业和改善民生，加强社会建设和文化建设，满足人民群众生产生活多样化的需求，实现中华民族的伟大复兴。

在国家对现代职业教育定位与构建现代职业教育体系的整体规划和目标指导的前提下，北京也在不断改革中逐步建立起了适应区域经济发展的现代职业教育体系，实现了职业教育发展与区域经济发展的互动。

构建适应经济发展方式转变和产业结构调整要求、体现终身教育理念、中等和高等职业教育协调发展的现代职业教育体系，将进一步完善技术技能型人才培养机制和教育结构，有助于发挥职业教育对区域经济发展的推动作用。构建职业教育人才成长"立交桥"式的完整教育体系，是实现职业教育与区域经济互动发展的有效策略，具体包括中职与高职的衔接融通、职业教育自身发展类型和层次的完备、职业教育与普通教育的相互转换和沟通、学历证书和职业资格证书的互认和互换、职前学历教育和在职继续教育的联系和延伸等。

2010年12月印发的《关于开展国家教育体制改革试点的通知》，将北京市纳入开展地方政府促进高等职业教育发展综合改革的试点地区，同时，北京市也被纳入探索建立职业教育人才成长"立交桥"、构建现代职业教育体系的试点城市。根据"构建适应经济发展方式转变和产业结构调整要求、体现终身教育理念、中等和高等职业教育协调发展的现代职业教育体系"的要求，北京市教委2011年启动"3+2"中高职教育衔接办学改革试点工作，并逐年扩大试点规模。2013年参与试点的高职院校由2012年的8所增加到10所，中职学校由9所增加到12所，试点专业由10个增加到12个，招生规模由800人增加到1360人，较2012年增长了70%。

根据北京重点产业和重点区域发展对高技能人才的实际需求，符合以下条件的专业将被作为中高职衔接试点的开设专业：一是专业方向与支撑首都经济社会发展的重点支柱产业需求一致；二是确实需要按高层次技术人才规格培养人才的专业；三是社会需求量较大、办学基础较好、就业质量较高，属于本市重点建设发展的专业；四是专业技能要求较高，培养周期相对较长的专业。2014年新增水利工程施工技术、楼宇智能化工程技术、中药、护理等14个专业类别，至此获得批准并实施招生的"3+2"中高职教育衔接办学改革试点专业达到26个。此项改革充分体现了职业教育发展与区域经济发展的互动。

为贯彻《国家中长期教育改革和发展规划纲要（2010—2020年）》精神，完善职业教育基本制度，形成体现终身教育理念、职业教育特色和技能型人才成长规律的现代职业教育体系，满足人民群众接受职业教育的需求和经济社会发展对高素质劳动者及技能型人才的需要，2011年北京市教委决定开展职业教育分级制度改革试验项目立项。职业教育分级制度改革通过紧密结合行业企业实际需求，融合教育标准和职业标准，体现了从职业出发育人的教育属性，使分级制教育与职业需求零距离对接；注重发挥职业教育面向人人、服务终身的教育功能，架起了学历学位体系与职业体系之间的桥梁。

除北京联合大学、北京工业职业技术学院等10所高等院校和北京市昌平职业学校等6所中等职业学校外，像奔驰汽车、用友集团、全聚德等一批行业龙头企业或知名的"老字号"企业也积极参与职业教育分级制改革。北京市的职业教育分级制度改革方案主要涉及职业教育分级、职业教育标准、职业教育机构、职业教育对象、职业教育教学、职业教育评价等方面的制度创新。分级制适应社会分工、职业分类和层次标准的多样化进行职业教育体系的设计，在大量调研和职业教育目标分类基础上，综合分析国家、行业和企业标准及要求，充分考虑到人的发展需求建立起来的职业教育分级标准，做到了与企业用人标准和岗位要求的很好衔接。分级制的构建，充分整合了社会资源，提高了职业教育的办学效率，能更好地为经济社会和产业发展服务。

至 2013 年，北京市职业院校已在机电一体化、生物技术及应用、汽车制造、软件技术、市场营销、畜牧兽医、通信技术、物流管理、珠宝玉石加工鉴定与营销、数字展示、安保管理和旅游管理 12 个专业开展了分级制度试点，并坚持开展项目教学改革试点，开发和完善具有标志性教学任务的"课相"，切实保障改革试点取得实效。

6.1.2 中观层面

职业教育与区域经济社会发展之间存在着相互作用的互动关系。当职业教育与经济社会的发展需求相一致时，两者之间将形成相互推动的良性互动关系。这种互动关系不仅体现在宏观层面，为促进区域经济社会进步，从全局出发，统筹兼顾，大力发展职业教育，加强对职业教育的宏观规划和调控上，而且反映在中观层面，即依据区域经济发展需求，尤其是产业结构调整与人才需求，协调处理好职业教育发展的数量、质量和结构关系，使职业教育更好地服务于区域经济社会的发展。产业结构调整是影响职业教育专业结构纵横调整的决定因素，而专业结构亦能大体折射出产业结构。通过就业导向作用，职业教育结构与产业结构实现互动，从而在中观层面实现职业教育与区域经济发展的良性互动。

1. 北京区域经济发展水平与职业教育人才培养层次结构的互动

职业教育应为区域经济发展提供人才支撑，推动产业结构的优化调整是职业教育的根本任务。职业教育的人才培养水平直接影响区域经济社会发展，同时，区域经济的人才需求水平又影响着职业教育人才培养的思路和定位。

北京市经济发展取得了令人瞩目的成绩，地区生产总值由 1978 年的 108.8 亿元上升到 2013 年的 19500.6 亿元，北京市经济发展水平迈上了新的台阶。北京"十二五"规划将坚持走高端、高效、高辐射的产业发展方向。为适应经济结构优化的需求，满足产业发展和技术升级的高端化要求，需要大量的高端技能人才作为支撑。北京明确提出了"培养适应首都现代化建设需求的高素质劳动者和高技能人才"的人才培养战略，掌握高端技术和具有更高学历水平的"高端人才"成为技能人才的关键词。

然而，通过对北京市中等职业教育和高等职业教育在校生规模进行比较和综合分析，不难发现，北京职业教育发展规模和人才培养层次结构不能满足北京区域经济发展对高端技能人才的需求。从 2001—2010 年北京市中等职业教育和高等职业教育在校生规模比较来看,"十五"期间和"十一五"期间北京的中等职业教育规模始终高于高等教育规模。职业教育的人才培养层次结构与北京经济发展程度不相适应。如图6-1所示。

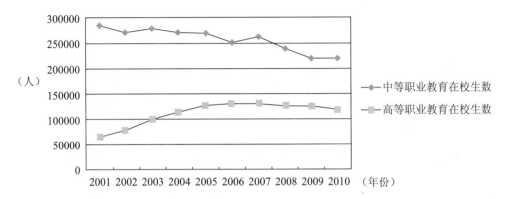

图6-1 北京市中等职业教育和高等职业教育在校生规模对比

资料来源:侯兴蜀,北京职业教育发展的动力与趋势,北京广播电视大学学报,2014(2):55-49。

从"十二五"以来的职业教育层次和规模看,北京的中等职业教育规模依然高于高等教育规模,并且高等职业教育院校的在校生数依然延续着2008年以来逐年持续减少的趋势。如图6-2所示。

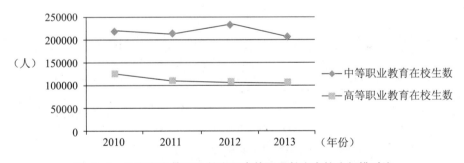

图6-2 北京市中等职业教育和高等职业教育在校生规模对比

人才学历层次需求提高,相应要求加大高等职业教育发展力度,职业教育层次和发展重心要逐渐高移。北京市正逐步适度压缩中等职业教育规模,调整职业教育的人才培养层次结构。由在校生规模的变化趋势可以发现,北京的中等职业教育规模的总体变化呈现下降趋势,而高等职业教育规模经历了2001—2005年的扩展之后进入了平稳发展阶段,但自2008年至今,因受生源数量总体下降的影响,出现了在校生数量持续下降的趋势。

为适应北京区域经济发展对人才层次需求提高的要求,北京在2011年启动了"3+2"中高职教育衔接办学改革,并在2015年启动了"3+2"高职本科衔接的试点改革,此举不仅构建了职业教育人才成长的"立交桥",而且有助于培养高层次技术性及应用型、复合型人才，推动职业教育层次和发展重心逐渐高移。"3＋2"高职本科衔接培养的应用性本科毕业生作为高端技能型人才将在高端产业的就业市场上具有更强的竞争力。

2. 劳动力市场需求与职业教育规模的互动

教育促进经济增长，源于教育能为经济发展提供具备较高职业素质和职业技能的劳动者，高素质人才能带来更高的劳动效率，职业教育承担着培养适应区域发展的高素质高职业技能人才的任务。因此，职业教育与区域经济的互动也体现在劳动力市场需求与职业教育规模的互动协调关系方面。

2000—2013 年城镇新增就业人数逐年增加，新增城镇就业人数由 2010 年的 34.39 万人增长到 2013 年的 42.44 万人，4 年间新增城镇就业人数共达到 159.51 万人，年平均增幅达 5.85％。2012 年以来新增城镇就业人数的增幅逐渐放缓，这可能是受北京控制外来人口、减缓城市增容等政策的实施以及北京就业压力增加等因素的影响。而在 4 年间，职业院校毕业生人数变化未与新增就业人数的增长曲线吻合。职业院校毕业生数由 2010 年的 9.39 万人增加到 2013 年的 11.26 万人，净增 1.87 万人，年平均增幅为 4.98％，低于新增城镇就业人数的增速，并且从图 6-3 中还可明显看出职业院校毕业生人数的增长主要是因为中职毕业生人数的增加，而高职毕业生人数在 4 年间持续下降。

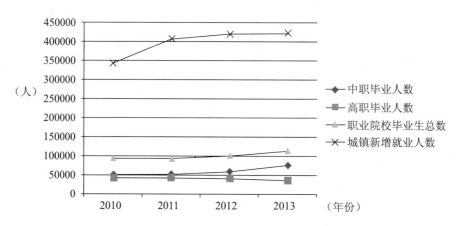

图 6-3　2010—2013 年北京城镇新增就业人数与职业院校毕业生人数变化

另外，从职业院校毕业生对城镇新增就业人数的贡献角度分析（在假设高职和中职毕业生全部顺利就业、就业率为 100％的前提下），发现在 2010—2013 年的 4 个年度里，北京职业院校毕业生总数占北京城镇新增就业人数的比例均不足 30％，并且中职毕业生对城镇新增毕业生人数的贡献超出了高职毕业生的贡献。这说明北京的职业教育规模不能充分满足经济发展对新增劳动力的需求，从而可能从某种程度上制约了区域经济的发展。

从全国数据来看，"十一五"以来职业院校累计为国家输送了近 8000 万名毕业生，占新增就业人口的60%。而近年来，北京职业院校应届毕业生对北京城镇新增就业人数的贡献却不足30%，由此来看，北京的职业教育规模并未与高速发展的区域经济相适应。

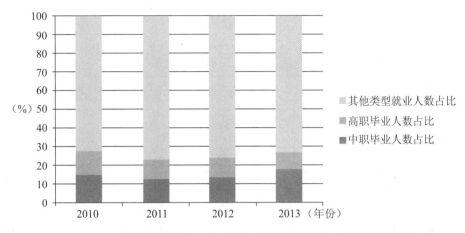

图6-4　北京职业院校毕业生总数在北京城镇新增就业人数中的占比

3. 北京的产业结构与职业教育专业结构的互动

职业教育专业结构与产业结构的互动主要表现在四个方面。

①专业结构与产业结构演变的互动

在不同时期，产业结构呈现出不同的状况，不仅表现为各大产业之间结构上的变化，而且表现在各产业的内部结构变化上。三次产业结构发生变化、新兴产业涌现，必然要求职业教育的专业结构进行相应的调整，以适应产业发展之需。

②专业结构与产业转型的互动

区域内职业教育为适应产业转型对人才的需求而调整其专业结构，培养产业发展所需人才。

③专业分布与产业布局的互动

对产业空间分布进行规划，在不同的经济区域内体现出不同的产业特色，即形成产业布局。为了支撑不同区域内产业发展的需要，节约资源流动的成本，职业教育依据本区域的产业特点来设置其专业，为区域内产业发展提供对口的人才。

④专业结构与产业融合的互动

产业融合是指不同产业或同一产业内的不同行业通过相互渗透、交叉、重组，最终融为一体，产生更高的生产效率和经济效益，逐步形成新的产业形态的动态发展过程。职业教育需适应产业融合的结果，设置新的专业，调整课程体系。由此可见，产业结构影响着职业教育专业结构，反之，与产业结构特点相适应的专业结构能为产业发展提供合适的人才，从而推动产业的发展。以下将从这四个方面分析和呈现北京的职业教育专业结构与产业结构的互动状况。

（1）专业结构与产业结构演变的互动

改革开放以来北京市经济发展取得了令人瞩目的成绩，其产业结构与就业结构也有明显变化。20世纪90年代以来，北京市加快了产业结构的调整。三大产业产值所占比重呈现出北京市产业结构有如图6-5所示的变化趋势，相关数据对比见表6-1。

表6-1　　　　　　　　　　北京地区生产总值三大产业占比情况

年份	1990	1995	2000	2005	2010	2011	2012	2013
第一产业（％）	8.8	4.9	2.5	1.3	0.9	0.8	0.8	0.83
第二产业（％）	52.4	42.8	32.7	29.1	24	23.1	22.7	22.32
第三产业（％）	38.8	52.3	64.8	69.6	75.1	76.1	76.5	76.85

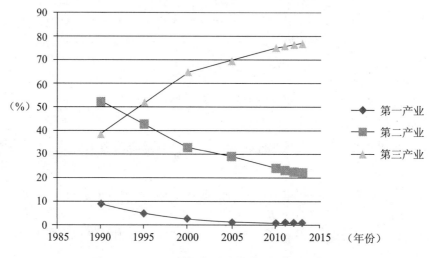

图6-5　1990—2013年北京市产业结构演进趋势

1990—2013年，第一产业产值比重持续下降，从1990年的8.8％下降到2013年的0.83％；第二产业产值比重也呈现下降趋势，从1990年的52.4％下降到2013年的22.32％；第三产业产值比重却呈持续上升趋势，从1990年的38.8％上升到2013年的76.85％，1994年第三产业产值比重首次超过第二产业产值比重。从图、表可以看出，1990年以来，第二产业所占比重逐渐下降；第三产业所占比重逐渐提高；第二、第三产业之间所占比重的剪刀差逐渐扩大；第一产业所占比重非常小，并且保持在相当稳定的状态。北京市的产业结构由原来的第二产业占主导地位的格局转变为现在的第三产业占主导地位的格局。

北京提出的2014年深度调整产业结构的内容包括，充分利用首都科技、金融、文化等核心优势，引导形成与首都功能定位相适应的现代产业体系，促进三大产业融合发展。加快发展教育、科技、文化、卫生、体育等领域的非基本公共服务业，提升金融、信息、商务等生产性服务业发展水平，壮大战略性新兴产业，积极发展节能环保、新能源汽车等产业。加大调整低端产业的力度，继续淘汰高耗能及高耗水企业、一般加工业企业和服装、建材、小商品等批发市场，实现"腾笼换鸟"，提高土地、资源、能源集约利用的效率。

为了准确反映近年来职业教育的专业结构与产业结构之间的关系，笔者选取了2010年以来北京市的三大产业产值占比与职业教育毕业生专业类型占比的数据，采用结构偏离度方法来分析北京市产业结构与职业教育的互动关系。

结构偏离度被定义为某一产业的职业教育毕业生占比与产业比重之差。若结构偏离度为零，则表明该产业的职业教育毕业生占比与产业结构处于协调状态；若结构偏离度小于零，则表明该产业的职业教育毕业生占比小于产值占比，则该产业中职业教育提供的劳动力处于短缺状态；若结构偏离度大于零，则表明该产业的职业教育毕业生占比大于产值占比，则该产业部门中职业教育提供的劳动力可能过剩。总之，以零作为参考值，结构偏离度与零相差越大，说明与协调状态偏离越严重。

如表6-2所示的偏离度测算结果表明，北京市三大产业结构与高等职业教育的专业结构不完全匹配。高职教育对应第一产业发展的幅度较为协调，对第二产业发展所提供的人力资源支撑不足，对应第三产业的专业人才培养规模却超过了产业发展规模。但从结构偏离度数值的变动趋势可以发现，2010—2013年高等职业教育的专业结构在不断调整，正逐渐缩小与北京市三大产业的结构偏离状态。

表6-2　　　北京市三大产业的结构偏离度（与高等职业教育的专业结构比较）

年份	第一产业	第二产业	第三产业
2010	0.6	−8.8	8.2
2011	0.8	−7.4	6.6
2012	0.7	−7.0	6.2
2013	0.5	−5.5	5.1

如表6-3所示的偏离度测算结果表明，北京市三大产业结构与中等职业教育的专业结构协调性不足。中职教育对应第一产业发展的增幅较为协调，对第二产业发展所提供的人力资源支撑不足，对应第三产业的专业人才培养规模超过了产业发展规模。从结构偏离度数值的变动趋势可以发现，虽然2010—2013年中职教育的专业结构在不断调整，但是除了对应第一产业的专业发展趋于协调外，中等职业教育与第二产业、第三产业发展的偏离度正在逐渐增大。

表 6 - 3   北京市三大产业的结构偏离度（与中等职业教育的专业结构比较）

年份	第一产业	第二产业	第三产业
2010	3.0	−8.9	5.9
2011	2.9	−9.2	6.3
2012	2.6	−12.5	9.9
2013	1.6	−13.0	11.5

目前，职业教育的专业设置与产业结构比例存在一定差距，不能满足北京产业结构调整的人才需求。需要按照"构建首都现代产业体系"的要求，促进职业人才与区域产业结构协调发展。根据北京产业结构调整和发展需要，继续调整专业，完善专业结构。2013 年，紧贴北京产业发展需求调整专业结构，北京市新增高职专业 32 个专业点、撤销专业 4 个，分布情况见图 6-6。32 个新增专业中社会服务类占 37.5%、电子信息类占 18.8%、机械及自动化类占 15.6%、交通运输类占 12.5%。新增专业与北京经济发展紧密契合，例如，为满足北京老龄人口快速增加对老龄服务人才的需求，老年服务与管理专业增加了 4 个点。适应北京市近几年地铁线路和里程快速增长对轨道交通技术技能人才的需求，轨道交通专业增加了 2 个点。

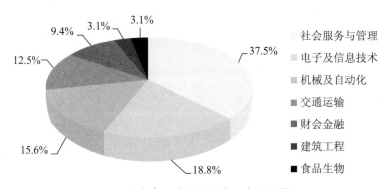

图 6-6   北京高职院校新增专业点分布情况图

（2）专业结构与产业转型的互动

近期北京提出经济发展要注重创新引领和产业统筹，加快经济结构优化调整。强化创新驱动，坚持"有进有退、有取有舍"，逐步减少经济对土地的占用、人口的吸引和能源资源的依赖。一产要强化民生保障和生态功能；二产要逐步退出劳动密集型和资源消耗型的一般性制造环节，加快向高附加值环节转变；三产要从规模数量型向内涵提升型转变。加快退出不符合首都功能定位和资源环境要求的产业，2013 年退出污染企业 288 家，压缩水泥产能 150 万吨，在京首钢的涉钢主流程全面停产。2014 年北京加大调整低端产业的力度，继续淘汰高耗能、高耗水企业，一般加工业企业和服装、建材、小商品等批发市场，以减少这些产业对能源的消耗、土地的占用、人口的吸引。

　　另外，生产性服务业主导的服务经济格局初步形成。"十一五"末，生产性服务业总量支撑首都经济半壁江山，占据服务业总量 2/3 份额。生产性服务业增加值对全市现价 GDP 的贡献率超过 55%。"十二五"期间北京将加快服务业转型升级，促进向生产性服务业主导型经济转变。拓展提升城市服务功能，发展金融服务、信息服务、科技服务、商务服务、流通服务等生产性服务业，将北京打造成为服务区域、服务全国、辐射世界的生产性服务业中心城市。生产性服务业成为高端产业、高效企业、高薪岗位的主要提供者。

　　《2013 年统计公报》数据显示，全市三大产业结构由 2012 年的 0.8∶22.7∶76.5 变为 0.8∶22.3∶76.9，第三产业比重比 2012 年提高 0.4%。高端行业引领作用突出。规模以上工业中，现代制造业、高技术制造业增加值分别增长 14.2% 和 10.4%，分别高于工业平均增速 6.2% 和 2.4%。而高耗能行业趋于收缩，如石油加工、炼焦和核燃料加工业，化学原料和化学制品制造业增加值分别下降 18% 和 2.6%。第三产业中，科学研究、技术服务和地质勘查业、金融业、租赁和商务服务业增加值分别增长 11.2%、11% 和 9.5%，增速均快于 7.6% 的第三产业平均增速。

　　北京职业院校主动适应首都产业结构调整和功能区建设规划，积极调整专业结构，深化教育教学改革，不断提高技术技能人才培养质量，促进了首都产业转型升级。2013 年，北京市高职院校培养了 3 万余名技术技能人才，这些人才成为促进本市产业转型升级不可或缺的重要力量。北京市高职院校中，三产类院校占 73.3%，服务类专业点占 81.9%，服务类专业在校生人数占 81.5%，为打造"北京服务"品牌和加快服务业调整升级提供了强有力的技术技能型人才支撑。

　　2014 年北京市新增中职专业 26 个专业点，其中，土木水利类新增楼宇智能化设备安装与运行专业，新增 1 个资源环境类专业，即生态环境保护专业，以及新增 1 个能源与新能源类专业，即水泵站机电设备安装与运行专业，这些专业都属于生产性服务业，将为第三产业发展提供技能性人才。

　　（3）专业分布与产业布局的互动

　　北京处于首都经济圈的核心地位，根据国家区域开发开放的战略部署、北京城市总体规划以及区县功能定位的要求，优化调整产业布局，在"十一五"规划提出的"两轴—两带—多中心"，中关村科技园区、北京商务中心区和奥林匹克公园三大功能区建设及大力发展通州、顺义、亦庄三个重点新城，形成从市区到郊区现代服务业—高新技术产业—现代制造业—都市型工业相对集中、都市型现代农业镶嵌其间的空间格局的基础上，北京"十二五"规划提出要构建"两城两带、六高四新"的创新和产业发展空间格局。如图 6-7 所示。

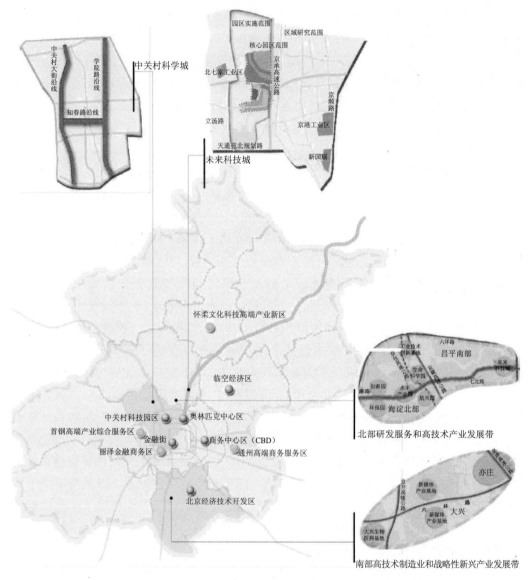

图6-7 北京"十二五"规划中"两城两带、六高四新"产业发展空间格局

"两城两带"，是指中关村科学城、未来科技城、北部研发服务和高新技术产业发展带、南部高技术制造业和战略性新兴产业发展带。"两城两带"一南一北，形成了产业的带状分布。北部的中关村国家级自主创新示范区，依据现在比较好的存量资源，包括科研院所、高校、央企等，把握高端要素流动方向，进一步释放国家高端科技要素和资源。南部则依托大兴、亦庄行政合并，有效推动南部产业空间资源。"六高"是指中关村、亦庄、CBD、金融街、奥林匹克中心区、临空经济区六大高端产业功能区；"四新"则是指通州高端商务服务区、丽泽金融商务区、新首钢高端产业综合服务区、怀柔文化科技高端产业新区。"四新"的提出分别将四个新区的相关功能区纳入了城市

经济高地的范畴。

"十二五"期间北京将集中力量打造中关村科学城和未来科技城，加快建设北部研发服务和高技术产业带、南部高技术制造业和战略性新兴产业发展带，基本形成国家创新中心的新格局，使之成为世界城市先行实践区。"十二五"末，中关村国家自主创新示范区、北京经济技术开发区、商务中心区、金融街、奥林匹克中心区、临空经济区六大高端产业功能区增加值占全市经济的比重力争达到50%。同时，北京还将积极推动通州高端商务服务区、新首钢高端产业综合服务区、丽泽金融商务区、怀柔文化科技高端产业新区等高端产业功能区的规划建设。

为提高专业分布与首都产业布局的匹配度，北京市进一步加快优化职业院校专业布局，切实提高专业与产业契合度。最新统计数据表明，2013年北京高职院校专业点总数达747个，共覆盖19个专业大类、55个专业二级类。北京高职院校所开设的专业覆盖了农林牧渔、交通运输、材料与能源大类、资源开发与测绘、土建、水利、制造、电子信息、环保气象与安全、轻纺食品、财经、医药卫生、旅游、公共事业、文化教育、艺术设计传媒、公安、法律、生化与药品19个专业大类，其中，财经大类专业开设的专业点最多，在学人数也最多，专业点总数达150个，在校生达2.1万人，占在校生总数的20.1%。其次是电子信息类专业，专业点总数达120个，在校生达1.0万人，占在校生总数的16.1%。从专业服务产业的布局情况来看，2013年北京高职院校主要服务第三产业的专业点有612个，其在校生占到在校生总数的81.51%，主要服务第二产业的专业点125个，在校生占到17.17%，而主要服务第一产业的专业点仅10个，在校生仅占1.3%。如图6-8所示。

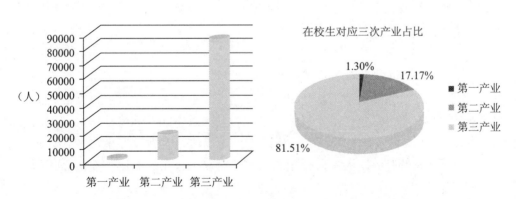

图6-8 北京高职院校在校生分布情况及对应三大产业占比

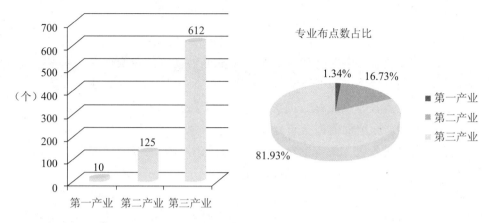

图 6–9　北京高职院校专业布点数及对应三大产业占比情况

　　北京的职业院校根据区域经济结构优化调整规划，积极调整办学定位与专业布局。以北京工业职业技术学院为例，该校围绕京西地区生产性服务业、高技术产业、文化创意、旅游休闲、生态农业五大新兴产业的发展，紧贴石景山区由"一钢独大"向"五业并举"的绿色产业转型的需求，建立专业设置动态调整机制。以中关村石景山园和综合服务中心为依托，主动优化专业布局，适应产业结构调整升级和实现首都休闲区域经济的定位，及时调整专业方向，提高与区域产业结构的匹配度，并通过改革办学机制和育人机制、提升服务水平等措施，逐步成为石景山区及北京西部地区技能人才培养基地、技术服务应用推广平台、区域持续发展的重要支柱。据统计，近 3 年来，在石景山区企业就业的毕业生每年以 20% 的比例递增，为石景山区打造 CRD 提供了技术技能人才的重要支撑。

　　（4）专业结构与产业融合的互动

　　产业融合不仅成为实现北京区域产业结构优化升级的重要途径，而且相关产业的溢出对生产性服务业的外部化和专业化发挥着巨大的推动作用。近年来旅游业和农业的融合发展促进了北京旅游业的优化发展，推动了北京旅游业的发展以及农村经济的发展。朝阳区的"蟹岛绿色生态度假村"、"北京朝来农艺园"和海淀区的"锦绣大地旅游风景区"，以有机农业为依托，以休闲度假为手段，大力发展生态产业，开创了"前店后园"、"农游合一"的度假休闲模式，集种植、养殖、旅游、度假和休闲为一体，实现了生态保护与经济发展的双赢。北京整合创意产业资源，培育文化创意产业集群，促进计算机、手机、软件等电子信息业与电视、电影、广播、广告、音乐、动画、网络游戏、表演艺术、出版、设计等文化产业的融合与发展，逐步提升了金融、现代物流、中介服务等现代服务业对现代制造业的辐射渗透能力。

　　产业融合产生新兴产业，对新型复合型人才的需求，使得近年来北京市重点支持建设汽车制造与装配技术、汽车运用技术、机电一体化技术、城市轨道交通车辆、建筑工程设备技术、通信技术、软件技术等专业，组建了现代制造业职业教育集团和电子信息职业教育集团，为打造"北京创造"品牌、振兴装备制造、汽车和电子信息等重点产业和加快建设高端现代制造业培养了一大批技术技能人才。涉农高职院校围绕做优"一产"的需要,加快培养籽种农业、休闲农业、会展农业、设施农业等技术技能人才,为"都市型"现代农业发展做出了突出贡献。

6.1.3　微观层面

区域经济发展与职业教育的互动涉及三方主体,即行业企业、职业院校与政府行政部门,并涉及社会中介,如行业协会、专业学会、职教集团等。从微观层面而言,区域经济发展与职业教育的互动关系体现在三方主体的互动上,集中体现在产学研一体化和校企合作方面。

区域经济发展需要职业教育具有培养应用型人才和服务社会的多种功能,校企合作正是满足了职业院校服务于经济发展,服务于企业发展,实现与区域经济良性互动的必然要求。校企合作的本质在于把职业教育与经济社会发展紧密地联系在一起,实现良性互动,形成"双赢"局面。

北京应加强校企合作,高职院校要与企业建立长期、稳定的合作关系,在互惠双赢的基础上,构建校企合作的长效机制,促进职业教育与区域经济发展的互动。

1. 多种合作办学模式实现职业教育与区域经济发展的互动

目前,国内校企合作模式主要分为三类。

① "企业配合"模式

企业处于"配合"的辅助地位,根据学校的要求,提供相应的条件或协助完成实践教学环节部分的培养任务。

② "校企联合培养"模式

企业不仅参与研究和制定人才培养目标、教学计划,确定教学内容和培养方式,而且参与实施部分培养任务。

③ "校企实体合作型"模式

参与高职人才培养成为企业工作的一部分,企业对学校的参与是全方位的整体参与、深层参与,管理上实行一体化管理。在行业企业与职业院校之间校企合作互动关系的形成过程中,政府行政部门处于主导地位,从整体利益出发,宏观把握经济发展与技能型人才发展的适配"度",为校企合作互动关系的形成创造良好的政策、法律等外部环境,建立和完善有利于职业教育发展的服务体系,为校企双方牵线搭桥,搭建校企合作多样化的平台,并参与到产业界与职业院校合作的事宜中,促成产业界与职业院校之间的合作。

北京职业院校通过校企合作,采取订单培养和集团化办学的人才培养模式,使学校培养的学生适应区域经济发展对人才培养的要求,能更好地为企业服务,同时更好地发挥学校为地方经济建设服务的作用,从而实现职业教育与区域经济发展的良性互动。

(1) 订单培养模式

订单培养模式即学校与企业签订人才培养协议,定向招生,共同制订人才培养计划，共同组织教学，学生毕业后定向就业的人才培养模式。北京高职院校服务区域经济发展，服务现代服务业、高技术制造业、文化创意产业和战略性新兴产业发展，积极深化产学合作，大力开展订单式培养，政府鼓励行业企业与职业院校开展多种形式的合作办学，并支持企业采取设立奖学金、冠名品牌班等形式，与职业院校联合建立实习实训基地，合作建设实验室或生产车间等。同时，学校将实行"双证书"制，导入职业技能鉴定标准，实现专业课程内容与职业技能鉴定标准的对接，并向合作企业优先推荐毕业生。2013年，北京高职院校参加订单培养学生数达6979人，占在校生总数的9.4%。订单培养模式促进了学生零距离就业。

其中，以北京工业职业技术学院和北京电子科技职业学院为例，两所学校分别与石景山区和大兴区建设了战略合作关系，根据地方产业结构、产业政策、产业发展和人才规格的需求，建立了与区域产业发展互动的专业动态调整机制，形成了专业结构与区域重点产业布局相适应、技术技能人才培养与区域产业发展对技能人才需求相协调的发展格局。近3年来，2所试点院校为区域内大型企业开展订单培养的人数均达到在校生规模的30%以上，为本区贡献的技术技能人才每年以20%的比例递增，成为北京石景山区绿色转型发展和大兴区产业高端化发展的助推器。

再以北京交通运输职业学院为例，2011年该校与北京公交集团、北京地铁公司、市政路桥集团、首发公司、祥龙公司等交通行业的5大企业签约，开始接受企业人才培养"订单"。其中，北京交通运输职业学院与北京地铁公司的订单培养将有助于解决轨道交通人才短缺，不能适应区域经济发展的问题。因近年来北京轨道交通发展进入黄金期，北京地铁公司急需大量城市轨道交通相关领域的高级技能型人才。据测算，每新建设1千米城市轨道交通线路，至少需要55名管理及技术人员。2015年，北京需要新增城市轨道交通中高级职业人才约2万人。北京交通运输职业学院将对北京地铁公司进行调研，了解每条新线用人需求，按照不同岗位工作标准所要求的知识、技能和职业素养，制定技能型专门人才培养方案。每年将为北京地铁公司提供订单人才400~600人。这些按需培养的人才将分布在不同岗位，投入到北京轨道交通行业的发展中。

（2）职教集团模式

职教集团是以龙头高职院校和骨干企业为依托，以专业和人才培养为纽带，在不改变原有隶属关系的前提下联合组建而成的。这种模式有利于高职院校和企业利益共通、目标一致，在统一的管理机制下更好地合作。

"十一五"期间北京的职业教育集团无论是数量上还是形式上都与北京的职业教育发展水平和区域经济发展水平不相适应。2009年，北京成立了首家职教集团——北京交通职教集团，北京的职业教育集团化发展开始起步。"十二五"期间北京提出适应首都经济结构、支柱产业优化升级和世界城市建设的需求，按照"政府推动、行业主导、学校为主、企业参与、骨干带动"的组建原则和"行业穿成线"、"区域捏成团"的组建模式，整合职业教育资源，积极稳妥地推进北京交通、现代制造、财经商贸、电子信息和昌平职业教育集团的办学工作，探索形成了以供需对接、标准对接、队伍融合、产教结合、优化结构为特色的职教集团化办学模式。

截至 2013 年，由高职院校牵头的 4 个职教集团覆盖了市内 8 所本科高校、26 所高职院校、65 所中职学校、83 家企业、12 个行业协会、9 个技能鉴定机构和 14 家科研院所。职业教育集团在平等自愿、属性不变、优势互补、互惠共赢的原则指导下，共同探索政府主导、多方参与、共同建设、共同受益，职前教育、职后教育相衔接，产学研有效互动，产业链、教育链有机融合的职业教育发展新模式。

2014 年 4 月，北京都市农业职业教育集团成立，它由北京农业职业技术学院牵头，由涉农院校、科研机构、行业企业等 58 家理事单位组成，成为培养现代农业高素质技能型人才的合作型组织。新成立的教育集团将在推动农业院校与企业建立长期稳定的紧密合作关系方面发挥重要作用。

推进北京职业教育集团办学模式，以政府主导扶持，行业企业积极参与，辐射相关中、高职院校而形成的多元型职教集团，一方面，实现了企业用工与学校培养的一体化，校企双方共同培育的"双师结构"的教学团队，实现了校企师资的优势互补，共同研发技术产品，通过校企合作共同为企业、社会订制培养人才，从而提高人才培养质量；积极拓展办学空间，职业学校教育、职业培训和成人继续教育并举，实现了学校与行业企业资源的整合、融通、共享。另一方面，以特色专业群组建的职教集团，以行业为指导，推动校校联合，各院校之间实现了资源共享，促进了各种教育类型、各种层次院校的统筹，全方位服务于相关专业群职业教育的协调发展。

2. 产学研结合发挥职业教育为区域经济发展服务功能

北京高职院校充分发挥自身优势，围绕北京市"转方式、调结构"的实际需求，与区域内重点产业积极开展校企协同创新，提升服务企业技术创新能力，各高职院校与企业合作建立技术服务中心、研发中心、研究咨询中心以及校企联合体等各种产学研合作平台，共同开发新技术、新工艺、新产品，联合攻关企业急需解决的技术问题，并积极转化科研成果，取得了显著成效。2013 年，北京市高职院校联合企业开展应用性技术研究项目 1058 项，开发新产品 34 个，获得技术专利 62 项，年技术服务收入达 1853.8 万元。千余项科技成果有力推动了企业技术创新。产学研结合增强了高职院校对社会的技术服务能力。

以北京农业职业学院为例，该校积极开展与大兴区、房山区、门头沟区等京郊都市型现代农业发展区域的全方位共建合作，构建了专业骨干到镇、优秀人才进村、科技服务入户的立体化服务体系，提供科研与三农服务，促进了农业技术进步和农民增产增收。截至 2013 年，推广农村农业实用技术和新科技 30 多项，取得服务成果材料 50 余份。围绕园艺园林、畜牧兽医、食品科学、生态旅游、电子商务等专业开展专题培训、技术服务、咨询调研，对服务单位产生直接经济效益近 1000 万元。

再以北京电子科技职业学院为例，该校加入朝阳区"高校发展联盟"，与区属企业深入合作，申报联盟协同创新项目 4 项，并申报北京市中小企业公共平台、中关村开放实验室。2013 年，亦庄开发区科技局在学院设立北京市科委首都科技条件平台亦庄工作站分站。通过"职业教育综合改革实验区"推动学校办学体制机制的创新、育人机制的改革和社会服务机制的转换提升。面向北京南部新区、首都经济圈和环渤海地区提供人才培养、技术支持、信息平台、社会培训等服务。

3. 拓展社会服务功能促进职业教育与区域经济互动

职业院校充分发挥教育资源的优势，主动对接行业、企业和区域经济社会发展需求，积极开展各类职业技能培训活动，形成了学历培训和职业技能培训并重、职前培训和职后培训并举的社会培训体系，已经成为服务全民终身学习，尤其是企业员工技术培训以及转岗人员职业技能培训的重要力量。

2013 年，北京市 26 所高职院校共开展各类社会培训 17.3 万人次，其中为企业培训技术人员 8.8 万人次，比 2012 年增加 2.4 万人次，增长 37.5%，提升了企业员工的素质和技能水平；开展现役士兵、复转军人和退役士兵的职业技能培训 2100 人次，提高了现役士兵完成军事任务的综合能力和退役士兵的就业能力。

以北京京北职业技术学院为例，该校充分发挥社会服务职能，深入企业开展培训，面向全区开展培训。2013 年至今共完成各类社会培训 6100 余人次：为北京市怀柔区各景区、酒店、企业进行职工素质提高培训 1200 多人次；与怀柔区政府事业单位开展合作，为怀柔区公安局进行保安培训 600 余人次；为怀柔区机关及事业单位开展名师名课自选式面授培训 4300 余人次；与民政局合作开展北京市社区灾害信息员培训等。

再以北京社会管理职业学院为例，该校依托民政部培训中心，在养老服务传统培训基础上，创新培训模式，开展远程培训，开发养老护理在线课程，拍摄专业养老护理机构真实情境并制作教学资料，录制生活照料、应急救护、心理疏导等微课程，通过远程培训提升了在职基层养老护理员的职业技能，有效地促进了养老服务业的发展。

综上所述，北京的职业教育依托首都经济，按照大力发展职业教育的总体规划及推动职业教育内涵式发展的总体部署，统筹规划与重点突破相结合，积极进行构建现代职业教育体系的探索，启动了职业教育分级制改革，适应北京经济结构、支柱产业优化升级和世界城市建设的需求，整合职业教育资源，积极推进订单培养和职业教育集团的办学工作，探索形成了以供需对接、标准对接、队伍融合、产教结合、优化结构为特色的职业教育办学模式。通过开展校企合作促进高等职业教育发展，推动职业教育服务于战略性新兴产业、创新型企业和重点区域发展。以需求为导向，不断加大职业教育新专业开发和建设力度，适时新增了一批与首都经济生活紧密相连的现代技术与服务类特色专业，为首都的经济社会发展作出了突出贡献，并为区域经济发展提供应用技术和员工素质培训等服务，推动职业教育为打造"北京制造"、"北京创造"、"北京服务"品牌提供技术技能人才支持和科技服务。这些都充分体现了北京职业教育与区域经济发展的互动关系，但是从北京职业教育发展规模、层次结构与经济发展对劳动力需求状况的适应性、专业结构与产业结构调整的匹配度等方面分析不难看出，职业教育与区域经济发展之间仍然存在互动不足的问题，从而使职业教育的发展状况在一定程度上影响了区域经济社会的发展。

6.2 影响北京区域经济发展与职业教育互动的因素分析

区域经济的发展水平决定了职业教育的发展规模、速度和质量，为毕业生的就业提供了更多工作岗位；区域经济发展对人才需求的数量、类型、水平影响着职业教育人才培养的思路和定位。职业教育为区域经济发展培养生产、建设、管理、服务等第一线高级应用型人才，为区域经济发展提供科技服务、信息资源和继续教育培训基地，对区域经济发展提供重要支撑。为应对产业结构调整与技术升级，要求职业教育进行及时的专业设置调整；反之，职业院校的专业结构类型、比例、招生人数也会影响到区域产业结构调整的速度与质量。能否实现区域经济与职业教育这两者的良性互动发展，受到思想观念、政策导向、整体规划、管理制度、资源配置等因素的影响。

近年来，北京作为全国经济发展水平排名前列的城市，其职业教育紧密结合首都产业结构调整的需要，以服务为宗旨，以就业为导向，取得了较大发展，为首都的经济社会发展做出了突出贡献。但在某些方面，职业教育与区域经济发展仍存在互动不足的问题。下面将基于北京区域经济发展与职业教育互动状况的阐述，进一步分析影响北京区域经济发展与职业教育互动关系的诸多因素，以求探寻有效的路径，促进职业教育与北京区域经济之间互动、有效、可持续地发展。

6.2.1 思想观念

人们对职业教育的理性认识和态度，决定着人们对职业教育的认可程度以及投入的力度，这对职业教育的改革发展具有促进和制约作用，是涉及职业教育发展方向的根本性问题。当前，影响、制约职业教育发展的观念性问题主要有两个方面。

1. 职业教育个人价值取向

在老百姓的心目中职业教育总给人一种低人一等的感觉，与普通高中教育、普通高等教育相比，职业教育因对广大青年缺乏吸引力而被冷落。职业教育在与普通高中、普通高等教育的生源竞争中处于劣势。这种现象在国内很多区域普遍存在，而在北京显得尤为突出。

北京聚集了清华大学、北京大学等多所教学和科研实力雄厚的知名重点高校，其中被国家列为"211工程"建设的大学有26所，同时被列为"985工程"建设的大学13所，在京82所高校中高职院校只占26所。2014年北京市的高招本科录取率达66.6%，因为高考统考招生录取程序一直采取先本科录取后专科录取的次序，所以可供高职院校选择的生源也只有剩余的30%左右。

尽管北京市为增加职业院校的招生规模陆续出台了"3+2"中高职教育衔接办学改革、单考单招、自主招生等政策，但是近年来北京的中职学校和高职院校面向学龄生源招生中，由于学龄人口总量减少，而学生在此观念的影响下大多优先选择报考普通高中、普通高等学校，北京已面临职业教育的生源人数和生源质量连续下降的危机。

百姓对职业教育的冷落，影响了职业教育的发展，制约了职业教育与区域经济发展的互动，提升职业教育吸引力迫在眉睫。一方面，应重视职业教育自身发展，充分体现其推动经济发展和社会进步的实力和重要性；另一方面，只有加大宣传力度，营造社会氛围，才能彻底解决这一问题。按照习近平总书记提出的"弘扬劳动光荣、技能宝贵、创造伟大的时代风尚，营造人人皆可成才、人人进展其才"的理念，通过大力宣传职业教育有利于广大青年成长成才成功的各项国家政策措施，动员社会媒体特别是新媒体大力宣传各地区、各部门、各行业企业发展职业教育的典型经验案例，倡导尊重职业人才的价值观，营造"崇尚一技之长、不唯学历凭能力"、"行行出状元"的浓厚氛围，使发展职业教育的理念深入人心。

2. 企业的用人观和人才培养意识

企业往往急于招聘和使用人才，但缺乏主动参与职业教育过程、与职业院校开展深层次校企合作、共同培养人才的意识。

在各种大型招聘会和各招聘网站上发布的企业招聘信息，不难发现企业招聘时大多关注人才具备的职业能力、职业素养和综合素质，追求高学历，并要求所招聘人才必须具备一定年限的工作经验。即使职业院校的应届毕业生已具备相应岗位的职业能力和职业素养，但是企业对人才高学历和工作经验年限的刚性要求仍将其排除在招聘之外，由此出现了毕业生找工作难的问题，于是不少毕业生不得不另寻其他入职门槛低、技术含量低的工作，造成不能学以致用的问题。然而，岗位与所学专业不对口，导致毕业生入职后缺乏相应的职业发展空间。

企业在人才培养上大多缺乏主动意识，尤其是一些实力薄弱的中小企业。这些企业未从人才战略的高度去认识校企产学合作的重要性，没有看到校企合作能够给企业带来的人才和技术上的支持，而是狭隘地认为企业的主要任务是搞好生产与经营，企业只是选择人才，不参与或很少参与人才的培养，把培养人才的主要责任推给了学校。由于北京的地理优势和人才资源优势，很多企业不关心本地人才的培养质量，在本地人才的质量不能满足其企业需求时，它会从其他区域引进人才，这种做法虽然可以使企业解决人才短缺的问题，可是会增加人才引进的成本，从区域经济发展的可持续发展来看，这种认识和做法并不可取。

企业片面的用人观以及对参与人才培养的认识局限性，都制约了职业教育的发展，影响了职业教育与区域经济发展的互动。因此，亟待激发企业主动性，推进产教深度融合，把目前松散的校企外部联系过渡到实质上的产教有机互动。

尽管为适应北京经济结构、支柱产业优化升级和世界城市建设的需求，校企合作除了实施订单培养、与职业院校共建实训实习基地外，还按照"政府推动、行业主导、学校为主、企业参与、骨干带动"的组建原则和"行业穿成线"、"区域捏成团"的组建模式，整合职业教育资源，积极推进北京交通、现代制造、财经商贸、电子信息和昌平职业教育集团的办学工作，探索形成了以供需对接、标准对接、队伍融合、产教结合、优化结构为特色的职教集团化办学模式，但是校企之间如何建立起长期有效、校企双赢、可持续发展的产教联动机制仍有待在实践中不断探索和完善。

在推进集团化办学方面，北京的发展步伐未能跟上全国的整体发展水平。到目前为止，全国已建职教集团 700 多个，覆盖所在行业 90% 以上的学校，这在某种程度上反映了北京的企业参与职业教育的程度不高。

6.2.2 整体规划

1. 北京区域经济发展的特殊性

由于独特的政治地位和来自多方面的非经济诉求，北京的经济发展进程和产业结构的演进路径受到更多的人为因素的影响，并在经济发展的内在趋势与多方决策者主观诉求之间不断的调整中前行。

产业结构的状况及其变动，既是经济发展水平和经济发展阶段的反映，又是经济发展的结果，不仅有其自身的规律，而且具有明显的路径依赖特征。首都城市的经济类型和产业结构的选择与调整，还要受到中央政府对首都城市的管辖模式和财政关系等因素的影响，而这些因素成为决定首都城市的利益取向和经济行为的主要因素，影响着首都城市的经济类型和产业结构的选择与调整。

目前北京的经济表现为中央经济、总部经济、服务经济和知识经济等特征。中央经济在北京经济发展中发挥着重要作用，资产总额占全市的 83.4%，对整个经济的贡献占 37.7%。北京正在成为世界高端企业总部聚集之都。2010 年北京在全国率先实现了"三、二、一"产业结构，第三产业比重超过 75.1%，以金融、信息技术为代表的现代服务业已经成为北京的主导产业。北京的知识经济发展迅速。高技术产业、科技服务业和信息服务业实现增加值 3021.6 亿元，《中国省域经济综合竞争力发展报告（2009—2010 年）》显示，北京的知识经济竞争力在国内排名第一。

北京所处的环渤海经济圈是经济最活跃的地区之一，被誉为引领中国经济增长的"第三极"。国家"十二五"规划又正式把首都经济圈建设上升为国家战略。

按照中央的整体规划部署，北京的经济发展与产业结构的优化调整正在逐步推进，这也将影响与之互动发展的北京职业教育改革。

2. 北京职业教育发展的特殊性

北京的职业教育所处的区域教育环境非常特殊，因此对北京职业教育发展的整体规划也必然存在特殊性。北京聚集了清华大学、北京大学等多所教学和科研实力雄厚的知名重点高校，其中被国家列为"211 工程"建设的大学有 26 所，同时被列为"985 工程"建设的大学 13 所，在京 82 所高校中高职院校只占 26 所。北京的职业教育发展规划不可能孤立于区域教育体系之外，而会受到本区域普通高度教育的影响，比如生源的竞争、教育资源的竞争等，同时，若进行区域职业教育与普通高等教育的合理规划，则会促进普通高等教育对职业教育的优势共享。

关于现代职业教育体系的构建，北京也走在了改革的前列。为贯彻《国家中长期教育改革和发展规划纲要（2010—2020 年）》精神，2011 年北京市教委启动了职业教育分级制度改革试验项目。通过紧密结合行业企业实际需求，融合教育标准和职业标准，实现分级制教育与职业需求的零距离对接。职业教育分级制架起了学历学位体系与职业体系之间的桥梁，体现了终身教育理念、职业教育特色和技能型人才成长规律，发挥了职业教育面向人人、服务终身的教育功能。

教育部副部长鲁昕曾在介绍《国务院关于加快发展现代职业教育的决定》的有关情况时，提到世界上经济发展发达的国家、国际竞争力比较强的国家，都具有与其经济结构、产业结构相适应的教育结构，这个结构的一个重要特点就是它有一个完善的职业教育体系，职业教育占整个接受中高等教育以及研究生阶段教育的比重都在70％左右。北京现代教育体系的规划与构建将直接影响今后职业教育发展方向，进而对职业教育与区域经济发展的互动关系产生深远影响。

6.2.3　定位与导向

1. 职业教育定位

《国务院关于加快发展现代职业教育的决定》（以下简称《决定》）为我们明确了职业教育的定位，即职业教育要适应技术进步、生产方式变革以及社会公共服务需要，为生产服务一线培养高素质的劳动者和技术技能人才。到2020年，我国要建成适应事业发展需求、产教深度融合、中高职衔接、职业教育与普通教育相互沟通、体现终身教育理念，具有中国特色、世界水平的现代职业教育体系，形成多层次、多类型的职业教育，包括中等职业教育、高等职业教育（包括本科、专科）和研究生层次的专业学位研究生教育，并且职业教育与普通教育、继续教育相沟通，建立一个学分积累和转换的学习制度，推进各种模式的教育学历成果互认，为大家提供终身学习的机会。

《决定》对于职业教育的整体定位，将对北京职业教育的发展与区域经济的互动产生积极而深远的影响。

2. 区域职业教育对人才培养的定位

"十二五"规划和《北京城市总体规划》都已对北京的经济特征和技能人才需求情况进行了明确定位，职业院校需要立足区域，主动与所处区域相融合，找准目标，确定服务区域经济的发展方向，走融合发展的道路，对人才培养类型、规模、标准等进行准确的定位。对人才培养的准确定位，将对职业教育与区域经济发展的良性互动起到决定性作用。

北京财贸职业学院、北京农业职业学院、北京电子科技职业学院、北京工业职业技术学院等职业院校结合区域经济发展方向对人才培养进行准确定位，事实证明这几所学校的职业教育实现了与区域经济发展的互动。位于通州的北京财贸职业学院，把服务 CBD 中心商务区作为发展目标，重点发展现代服务业、文化创意产业相关专业；位于房山的农业职业学院，着力于为西部区域高新技术研发与旅游休闲生态友好型产业培养应用型技能人才。北京电子科技职业学院确定了"立足开发区，面向首都经济，服务京津冀，走出环渤海区域，实现学校与区域经济融合发展"的办学定位，面向北京南部新区、首都经济圈和环渤海地区，提供人才培养、技术支持、信息平台、社会培训等服务。北京工业职业技术学院以中关村石景山园和综合服务中心为依托，进行产业结构调整和升级，目的是实现首都休闲娱乐中心区的定位，努力成为石景山区及北京西部地区技能人才培养基地、技术服务应用推广平台、区域持续发展的重要支柱。

3. 职业教育的人才质量评价标准

职业教育是通过培养多样化人才，使之获得职业能力、职业素质，促进人才的就业和创业。职业教育对人才培养的定位决定了职业教育以就业为导向的质量评价标准。但是，单纯追求高就业率，忽视毕业生就业中的学以致用，也不能焕发职业教育的吸引力。据教育部 2012 年全国高校毕业生就业率排名显示，2012 年高职院校的就业率排名第二，仅次于 985 高校，211 大学位列第三，第四位是独立学院，第五位是科研院所，第六位是地方普通高校。北京市高职毕业生就业率则更高，2012 年就业率达到98.10%，2013 年就业率又增长 0.5%，达到 98.6%。然而，北京市高职招生录取人数持续下降的现实说明高就业率并没有吸引优质生源报考职业院校。

在以就业为导向的大背景下，职业教育培养人才的质量评价必须重视人才的可持续发展，结合职业人才应具备的由三种结构性能力即核心技能、专业操作技能和综合应用能力所构成的综合职业能力来进行。其中，核心技能是人际交往与合作共事的能力，包括组织、计划和创新的能力，以及随机应变的能力，等等。核心技能为职业教育学生可持续发展提供了必备条件。目前一些职业院校只重视考核学生的专业操作技能，只强调给予学生针对特定岗位的一线操作技能，而忽视了对学生核心技能和综合应用能力的培养与评价。虽然这种评价导向解决了学生毕业时的就业问题，但学生却没有得到可持续发展的能力，使得入职后的学生无法取得更好的岗位和更高薪酬的机会，缺乏转岗和职业转化能力，缺少可持续发展的潜力。由此可以看出，职业教育的人才质量评价标准影响了职业教育与区域经济互动发展的可持续性。

6.2.4 管理制度

1. 考试招生制度

考试招生制度改革，有助于拓宽高职院校招生渠道，为学校招生和学生学习提供多样化选择，从而影响职业教育与区域经济发展的互动关系。采取灵活的招生制度，从某种程度上可以增强职业教育的吸引力。北京高职院校招生规模自 2008 年起连续六年持续下降，为了拓宽招生渠道，北京对高职考试招生制度进行了改革，除了采取传统的统考招生外，还实施了单考单招、自主招生形式，制定了具体实施方案。近年来，单考单招、自主招生形式成为北京高职招生的重要来源。

2. 校企合作制度

校企合作是推动职业教育与区域经济发展实现良性互动的重要方式，促进产业、企业和职业教育密切结合，让企业成为校企合作中的办学主体，完善制度设计是关键。校企合作不仅需要提供外部社会环境的支持，也需要激发企业内在的动力。通过政策和制度来积极引导企业参与办学，调动企业的积极性是深化校企合作的关键，这一方面可以通过政府方面的引导、培育来实现，另一方面可以通过推行优惠的激励政策，进一步减轻企业的负担来促进企业和学校的互利共赢，从而为校企合作提供一个比较好的、规范的制度保障。

长效机制的校企合作不是一方对另一方的施舍、帮助和支持，而是双方共同履行的责任和义务。因此，学校和企业双方必须受到法律、制度和道德的约束。世界上很多发达国家都是依靠立法来规制企业在参与职业教育中的权利和义务的。

目前，北京的职业院校与企业合作就尝试制定相应的管理制度，分别采取了对参与校企合作的企业冠以"职业学校学生实习基地"名称，对校企合作开展的"订单班"冠以"企业名称"，或者向为学生提供实习机会的企业支付一定的培训费及给予参加培训人员一定补助等方式，这些制度的建立将有助于职业院校与企业的长期合作，促进职业教育与区域经济发展的互动。

3. 绩效考核制度

通过实施绩效考核制度，可以提升职业院校办学质量，并规范管理。职业院校的工作环境和服务对象的特殊性决定了其绩效考核的特殊性。构建科学、合理的绩效考核体系与管理模式，有利于形成一个良好的管理环境，这不但能提高学校整体管理水平，也有利于促进学校整体教学水平和科研水平的不断提高，同时为推动学校管理队伍与教师队伍的建设与发展、培养高素质技能型人才提供有力保障。完善体现职业院校办学和管理特点的绩效考核内部分配机制将有助于激发职业院校的人力资源潜力，提高办学质量，促进职业教育发展，间接影响职业教育与区域经济的互动。

6.2.5 资源配置

当前职业教育资源配置投入不足、高职教育资源的利用效率不高以及高职教育资源利用效率评价指标体系不健全等问题，将直接制约职业教育的发展。职业教育资源来源于办学主体，它们是职业教育资源的提供者，只有在资源来源上保证多元化，才能保证职业教育体系的多元化。职业教育资源配置应以现代职业教育体系建设为契机，以政府统筹、市场导向、行业引导为基本原则，调整职业教育资源配置的方式。有效推动职业院校教育教学和校企合作，更大限度地发挥职业教育为区域职业教育服务的功能，可以通过以下措施来实现：加大财政资源投入，健全相关财政政策，实现高职教育投资主体多元化；加大高职院校师资和学生人文教育的投入，优化组合高职教育资源，提高使用效率；协调不同层次和类型职业教育间的资源配置，促进终身职业教育体系的建立；健全和完善高职教育资源使用效率的考核评价。

目前，职业教育资源在职业教育体系内衔接、为学生提供更高的发展平台方面严重不足，体系内和体系间的发展尚不协调，因此亟待协调配置职业教育资源，并建立资源合理利用评价机制，这样才能保证职业教育与区域经济发展的良性互动。

7 北京职业教育与区域经济协调发展、互动发展实现路径研究

职业教育本质上是为了职业的教育,其价值在于促进就业与经济发展。经济属性是职业教育区别于其他教育的本质属性,将职业教育发展与区域经济发展结合起来将极大地促进区域经济的发展。如何结合北京区域经济发展特点,设计北京地区高等职业教育发展路径,是当前北京区域经济发展面临的迫切问题,也是高职教育的瓶颈。

本章结合国内外职业教育发展与区域经济发展的理论研究与实践经验,结合北京区域经济发展特点及职业教育发展的关系,从宏观、中观、微观三个层面,从职业教育理念设计、制度设计和结构设计三个方面,探索与北京区域经济协调发展的高等职业教育发展实现路径。

7.1 北京职业教育发展的目标

7.1.1 总体目标

我国高等职业教育发展的总体目标是:主动适应经济发展方式转变和经济社会发展的需要,为振兴产业、战略性新兴产业的发展和产业结构优化升级培养数量充足、结构合理、"下得去、用得上、留得住"的高素质技能型专门人才;办学活力明显增强,办学水平整体提升,服务能力显著提高,形成一批特色鲜明、水平较高、具有国际影响力的高等职业院校,初步建成具有世界水平、中国特色社会主义特征的现代高等职业教育。

因此,与北京区域经济发展互动的高等职业教育发展的总体目标则是:北京地区的高等职业教育应主动适应北京地区经济发展方式转变和经济社会发展的需要,为振兴北京地区产业、战略性新兴产业的发展和产业结构优化升级培养数量充足、结构合理、"下得去、用得上、留得住"的高素质技能型专门人才;办学活力明显增强,办学水平整体提升,服务能力显著提高,在北京地区形成一批特色鲜明、水平较高、具有国际影响力的高等职业院校,初步建成水平高、北京地区特色鲜明的现代职业教育。

7.1.2　中长期目标

国家对于职业教育体系建设的中长期目标是：到 2020 年，基本建成具有中国特色的现代职业教育体系。现代职业教育理念深入人心，行业企业和职业院校（中等职业学校和高等职业学校的统称，下同）共同推进的技术技能积累创新机制基本形成，职业教育体系的层次、结构更加科学，院校布局和专业设置适应经济社会需求，现代职业教育的基本制度、运行机制、重大政策更加完善，社会力量广泛参与，建成一批高水平职业院校，各类职业人才培养水平大幅提升。

根据国家对于职业教育的发展目标，北京地区职业教育发展的短期目标是：到 2020 年，形成适应发展需求、产教深度融合、中职高职衔接、职业教育与普通教育相互沟通，体现终身教育理念，具有中国特色、世界水平、北京地区特色的，符合北京区域经济发展要求的现代职业教育体系。

7.1.3　短期目标

北京对于职业教育体系方面建设的短期目标是：在 2015 年，初步形成现代职业教育体系框架。现代职业教育的理念得到广泛宣传，职业教育体系建设的重大政策更加完备，人才培养层次更加完善，专业结构更加符合市场需求，中职、高职教育全面衔接，产教融合、校企合作的体制基本建立，现代职业院校制度基本形成，职业教育服务国家发展战略的能力进一步提升，职业教育吸引力进一步增强。

7.2　基本原则

7.2.1　结构规模更加合理

总体保持中等职业学校和普通高中招生规模大体相当，高等职业教育规模为高等教育的 50％以上，总体教育结构更加合理。到 2020 年，中等职业教育在校生达到 2350 万人，专科层次职业教育在校生达到 1480 万人，接受本科层次职业教育的学生达到一定规模。从业人员继续教育达到 3.5 亿人次。

7.2.2　院校布局和专业设置更加适应北京经济社会需求

调整、完善职业院校区域布局，科学合理设置专业，健全专业随产业发展动态调整的机制，重点提升面向现代农业、先进制造业、现代服务业、战略性新兴产业和社会管理、生态文明建设等领域的人才培养能力。

7.2.3　职业院校办学水平普遍提高

各类专业的人才培养水平大幅提升，办学条件明显改善，实训设备配置水平与技术进步要求更加适应，现代信息技术广泛应用；专兼结合的"双师型"教师队伍建设进展显著；建成一批世界一流的职业院校和骨干专业，形成具有国际竞争力的人才培养高地。

7.2.4 发展环境更加优化

现代职业教育制度基本建立，政策法规更加健全，相关标准更加科学规范，监管机制更加完善，引导和鼓励社会力量参与的政策更加健全，全社会人才观念显著改善，支持和参与职业教育的氛围更加浓厚。

中关村国家经济技术开发区、商务中心区、金融街、奥林匹克中心区、临空经济区等六大高端产业功能区增加值占全市经济比重力争达到50%，同时，北京还将积极推动通州高端商务服务区、新首钢高端产业综合服务区、丽泽金融商务区、怀柔文化科技高端产业新区等高端产业功能区的规划建设。

2014年3月，国务院总理李克强作政府工作报告时指出，要加强环渤海及京津冀地区的经济协作。同时，习近平总书记在听取京津冀协同发展工作汇报时强调，实现京津冀协同发展是一个重大的国家战略，要坚持优势互补、互利共赢、扎实推进，加快走出一条科学的、持续的协同发展路子。从2014年开始，中央政府正式提出"京津冀协同发展"这一说法，与社会经济密切相关的职业教育，将随着北京区域经济的发展，起着更为重要的作用。

北京高职院校的发展不仅要适应北京区域经济的发展，在京津冀协同发展的前提条件下，还要适应京津冀区域的经济发展需求。

7.3 构建三个主体、三个层面、三位一体的职业教育发展路径

为促进北京职业教育与区域经济的协调发展，需要发挥政府、职业院校、行业企业、职业教育行业中介组织等多元参与主体的积极性，形成合力，构建政府、职业院校、企业行业三个主体、宏观中观微观三个层面、三位一体的职业教育与区域经济协调发展路径，如图7-1所示。

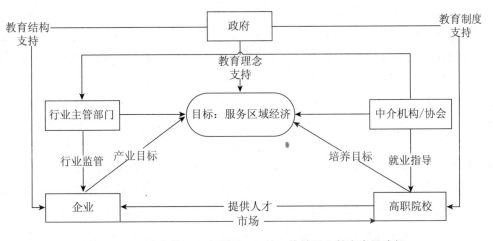

图7-1　三个主体、三个层面、三位一体的职业教育发展路径

7.3.1 宏观、中观、微观三个层面的主要内容

1. 宏观层面

主要体现在政府对高职院校的政策支持层面。北京市政府要根据北京市区域经济发展的特征和规划来支持高等职业教育发展。

2. 中观层面

主要体现在行业监管部门、中介机构及相关协会层面。教育主管部门、监管部门要根据国家及区域经济发展的总体目标来规范和支持职业教育的发展。

3. 微观层面

主要体现在企业、高职院校的具体行动层面，具体体现在企业和高职院校根据区域经济发展的需要为促进职业教育的发展而努力上。

7.3.2 政府及行业主管部门、企业和学校三个主体的职责及不足

当前北京市在区域经济发展与高职教育的协调发展方面存在问题，主要是三大主体——政府、高职院校和企业之间的错综复杂的关系问题。在政、产、学三者之间的关系中，政府的主导意识是条件，学院的服务意识是关键，企业的参与意识是结果。而企业作为一个经济实体，面对激烈的市场竞争，是以"追求利益最大化"为根本目标的，行政指令难以从内部调动企业参与的积极性，因此，要使职业教育健康合理地发展，从而促进和推动北京区域经济的发展，关键问题在于高职院校是否能够树立服务观念，将服务意识转变为服务能力落实到服务企业的现实行动上，为企业提供多样化的现实服务，以独特的核心竞争力和影响力赢得企业的支持。

因此，在北京市区域经济发展与高职教育的协调发展过程中，政府、企业和高职院校的职责及分别存在的问题如下。

1. 政府层面的职责及存在的问题

不管是从北京市政府层面还是从北京市教委的主管层面来讲，关于高职教育与区域经济的协调发展，在法律和政策层面上，都缺少有效的保障机制。

政府部门对高职教育的重视程度有待进一步提高，尤其是财政投入不足，使高职教育缺乏足够的条件支撑；同时，政府部门对高职院校的结构布局缺乏合理的宏观调控，且缺乏对高职院校发展的科学监管，使得高职教育发展过程中的自然性和随意性较大；在高职院校服务地方经济的关键环节——校企合作层面上，缺乏有力的法律保障，对校企双方的权利和义务缺乏必要的监督和约束机制，尤其是对企业的利益保护不够，造成企业参与校企合作的动力不足；同时，由于北京是我国的教育文化中心，名牌、重点高校集中，教育资源和教育政策不可避免地倾向和侧重于普通高等教育，而忽略了高职教育的发展和长远规划。而且，北京市教委在政策层面也尚未建立专门的协调机构和监督、考核制度，这不仅使校企合作缺少政府层面的依据，难以形成长效的合作机制，同时也导致高职教育很难在北京市区域经济发展中发挥应有的作用。

2. 高职院校的职责及存在的问题

在北京市高职教育迅猛发展的同时，北京的高职教育与北京市区域经济发展的契

合度并没有达到预期的效果，其主要原因在于，北京高职院校服务区域经济的认识不足、服务意识不强、人才培养目标定位不准、专业设置与区域经济社会发展需求脱节。具体分析如下。

（1）高职院校在服务区域经济方面的优势与不足

高职教育服务区域经济的能力不足，具体表现：我国高职教育起步较晚，自身投入不足，基础建设薄弱，体制机制创新乏力，政策措施落实不力，教育产品的质量、规格、结构落后于社会需求；师资队伍缺乏社会实践能力和科研创新意识，参与社会新技术和新产品开发的动力和能力不足，一些研究成果缺乏应用型的转化。

（2）高职教育服务区域经济的意识不强

缺乏面向社会、市场办学的意识，办学方向不明确，专业设置盲目求全，人才培养模式相对滞后，致使专业建设缺乏特色，课程设置缺乏针对性，人才培养脱离区域经济发展需求，与社会供需不对接、产销不对路。

（3）高职教育的人才培养质量难以满足区域经济社会发展的需求，与北京区域经济发展的产业对接的体制机制不健全

北京高职院校必须树立开放办学的高职教育观，按区域产业岗位设置专业，培养区域产业不可替代性人才，大力开展"立地式"研发，不断拓展社会服务的范围。

3. 企业方面的职业及存在的问题

企业是校企结合的关键因素，是区域经济建设的主体，同时也是高职院校发展职业教育的最强大的伙伴。目前，在我国职业教育发展过程中，企业因为各种历史或者经济原因，存在如下问题：企业急功近利，不愿意在高职院校培养学员的前期投入精力金钱和时间去培养学生；企业以赢利为目的，倾向于招聘熟练员工，不愿意培养新人。

7.3.3 职业教育理念、制度、结构三个方面的设计

1. 构建适应区域经济发展的职业教育发展理念

理念是人们主观观念和认识对客观存在及规律的反映，科学的发展理念能够客观地反映事物的发展规律，对人类的实践活动具有引领和导向作用。

职业教育发展理念涵盖了我们对于职业教育实践活动的理性认识、理想追求及其所形成的教育思想及哲学观点，是职业教育相关各界对于职业教育发展的一种期望，也是现在和未来职业教育发展工作的指导思想和准则。

职业教育发展理念是职业教育发展的根本指导思想，对职业教育发展具有决定性影响，科学的职业教育发展理念能够正确地反映时代特征和职业教育发展的规律和本质，能够引领职业教育发展的方向。

区域经济发展进程中的职业教育发展理念是指在区域经济发展的大环境、大背景下，高职院校所持有的思想和观点，是职业教育相关各界在区域经济发展过程中，对职业教育发展的实践及教育观念的理性构建。

发达国家的职业教育之所以先进，取决于他们先进的教育理念。职业教育在发达

国家非常受重视，被当作全社会整个教育系统中的重要子系统，在西方被一些人誉为"使社会走向博雅的杠杆"。

教育发展总是以教育理念的更新为先导，然后在教育实践中引起巨大变革。随着我国职业教育的日益发展壮大，在发展实践的过程中逐步形成了一系列适应经济社会发展和职业教育发展规律的职业教育理念。目前，我国现有的两大职业理念如下。

（1）以人为本、因材施教的教育理念

以人为本、因材施教的教育理论认为：人在教育产业链中处于最重要的地位，在教育过程中，我们应该以人为核心，尊重人的差异性和特点，把受教育者放在第一位。我国早在孔子时期就倡导以人为本、因材施教的教育理念，而孔子则是这一理念的创始者与创导者。以人为本的教育理念的意义在于把人放在第一位，主张以人作为教育教学的出发点，顺应人的禀赋，提升人的潜能，完整而全面地关照人的发展。近代教育家黄炎培先生曾提出：职业教育是最大的一块平民教育，而且职业教育是为人人的，是关注人人的。这其实也就是以人为本思想的体现。

因材施教的教育理念指依照不同对象的具体情况，采取不同的方法，施行不同的教育，发展教育对象的个性特色。教育家孔子主张根据学生的个性差异和实际水平进行不同的教育，从而实现共同进步、共同发展的教育目的。职业教育的发展以人才为核心，人是教育的实施者，同时也是教育的接受者与受益者，本处所讲的人才均指接受教育的学生，职业教育的发展需要依靠大量的人，而且是大规模的人才，这些人才是领悟能力和接受能力有可能稍微低一点的高职院校的非学术性人才，因此，职业教育更应该以人为本、因材施教，以学生为核心，发现学生的特色和优势，根据学生的具体特征来进行教育活动，以使学生能够更好地学以致用，服务区域经济。

（2）全民教育、终身教育理念

全民教育是指对社会全体民众所提供的教育。全民教育的基本内涵：扫除成人文盲、普及初等教育以及消除男女受教育之间的差别。实行全民教育，其目标就是满足全民的基本教育要求，向民众提供知识、技术、价值观和人生观，使他们能自尊、自立地生活，并通过不断学习来改善自己的生活，为国家和人类发展做出贡献。1990年，联合国教科文组织在泰国召开的世界全民教育大会，明确提出了"全民教育"的概念。

终身教育（lifelong education）是人们在一生各阶段当中所受各种教育的总和，是人所受不同类型教育的统一综合。终身教育包括教育体系的各个阶段和各种方式，既有学校教育，又有社会教育；既有正规教育，也有非正规教育。终身教育主张在每一个人需要的时刻以最好的方式提供必要的知识和技能。终身教育思想成为很多国家教育改革的指导方针。"终身教育"理念是在1965年由联合国教科文组织成人教育局局长保罗·朗格朗（Paul Lengrand）在联合国教科文组织主持召开的成人教育促进国际会议期间正式提出。

职业教育是指为使受教育者获得某种职业技能或职业知识，形成良好的职业道德，从而满足从事一定社会生产劳动的需要而开展的一种教育活动，职业教育亦称职业技术教育。职业教育与学历教育的本质区别是职业教育是为了适应某种职业需求，获得某项职业技能所进行的教育，终身性与全民性是职业教育最重要的特点。

根据职业教育的特点，以及职业教育的发展理念，我们归纳总结出了职业教育的三大目标：①解决人们的生活与就业问题；②服务区域经济，发展实体经济；③促进人的可持续发展、全面发展。

2. 构建适应区域经济的职业教育发展制度

教育制度是一个国家各级各类教育机构与组织体系有机构成的总体及其正常运行所需的种种规范、规则或规定的总和。它包含学前教育机构、学校教育机构、业余教育机构、社会教育机构等，还包括各机构间的组织关系、各机构的任务、组织管理等，它的设立主体是国家，是国家教育方针制度化的体现。

建立有利于全体劳动者接受职业教育和培训的灵活学习制度，服务全民学习、终身学习，推进学习型社会建设。

职业教育发展的制度体系建设包含管理体制建设、投资机制建设、人才培养机制建设和法律法规体系建设。

（1）建立适应现代职业教育发展的管理体制

作为与国家及区域经济发展联系最密切的职业教育，面对全球经济一体化的竞争，迫切需要一个更具质量、效率的现代职业教育管理体制予以支撑。要适应我国全面开展经济建设的需求，通过大力发展职业教育，培养数以亿计的高素质的劳动者和技术技能型人才，建立适应现代职业教育发展的管理体制和运行机制。建立适应现代职业教育发展的管理体制主要包含以下几个方面。

①建立政府主导、企业参与、高职院校为主体的办学制度

教育的公共属性要求政府在职业教育发展中发挥主导作用。由政府主导来发展职业教育有利于实现教育资源共享，促进国家和地区经济的发展。

目前我国企业参与职业教育建设的动力不足，而从长远来看，企业积极参与，能够有效地促进资源共享、人才共通，共同发展。企业积极参与是职业教育改革的方向和职业教育改革的必由之路。

高职院校一直都是职业教育办学的主体，其在职业教育发展中起着关键和决定性的作用。不管政府和企业的参与程度如何，高职院校由于其连接院校资源和学生资源的独特优势，决定了其以前、现在和未来都将在职业教育的办学中占据至关重要的主体作用。

②产教融合是现代职业教育管理体制建设的必经之路

《国务院关于加快发展现代职业教育的决定》（国发〔2014〕19号）把产教融合、特色办学作为职业教育发展的基本原则之一。该原则要求：同步规划职业教育与经济社会发展，协调推进人力资源开发与技术进步，推动教育教学改革与产业转型升级衔接配套，突出职业院校办学特色，强化校企协同育人。

同时，《现代职业教育体系建设规划（2014—2020年）》要求将产教融合作为现代

职业教育体系建设的基本原则，要求走开放融合、改革创新的中国特色现代职业教育体系建设道路，推动职业教育融入经济社会发展和改革开放的全过程，推动专业设置与产业需求、课程内容与职业标准、教学过程与生产过程对接，实现职业教育与技术进步和生产方式变革以及社会公共服务相适应，促进经济提质、增效、升级。

③建立由多元主体组建的职业教育集团

职业教育集团是职业院校、行业企业等组织为实现资源共享、优势互补、合作发展而组成的教育团体，是近年来我国促进职业教育办学机制改革、促进优质资源开放共享的重要模式。院校、行业、企业、科研机构、社会组织等共同组建职业教育集团，有利于发挥职业教育集团在促进教育链和产业链有机融合中的重要作用。职业教育集团是一种源于实践的职业教育改革探索，是一种具有中国特色的合作职业教育发展模式，在国外有关文献中，几乎找不到与"职业教育集团"相应的称谓，但具备这种特征的办学模式由来已久，而中国的职业教育集团化办学实际是当今国际盛行的合作教育理念的体现，是校企合作、产学研结合的发展与延伸。职业教育集团办学实际上是校企合作办学的一种模式。这种新型的办学模式极具"中国特色"，能够有效地实现多种资源共享，最大限度地盘活职业教育的发展前景。

（2）建立健全职业教育保障机制

职业教育管理体制的建设离不开职业教育保障机制的健全，建立、健全职业教育的保障机制主要包含以下几个方面。

①建立健全稳定的经费投入机制

政府是职业教育经费的主要来源之一，我国职业教育的经费投入主要来源于国家和各级地方政府。为保障职业教育有稳定的经费来源，以保障职业教育的持续性和稳定性，各级政府应建立与办学规模和培养要求相适应的财政投入制度，地方人民政府要依法制定并落实职业院校生均经费标准或公用经费标准，改善职业院校基本办学条件。地方教育附加费用于职业教育的比例不低于30％。同时，各级政府应建立职业教育经费绩效评价制度、审计监督公告制度、预决算公开制度。高职院校自身并不具有造血功能，基本依靠经费投入，只有建立健全稳定的经费投入机制，才能保障职业教育的稳定和可持续性。

②加强建设、健全社会力量投入的激励政策

政府部门的资金毕竟有限，职业教育要想发展，需要获取尽可能多的企业和社会资金来支持职业教育的发展。政府部门应鼓励社会力量捐资、出资兴办职业教育，拓宽办学筹资渠道。政府可以通过税收优惠政策、免税政策、财政贴息贷等各项优惠政策，支持职业院校的顺畅发展。

积极探索和借鉴国内外利用社会资金发展职业教育的途径、机制以及激励政策，为我国职业教育发展提供更好的支持。

③完善资助政策体系

政府和教育行政管理部门应当进一步健全公平公正、多元投入、规范高效的职业教育国家资助政策，逐步建立职业院校助学金覆盖面和补助标准动态调整机制，加大对区域经济发展紧缺专业学生的助学力度；有计划地支持集中连片特殊困难地区内限制开发和禁止开发区初中毕业生到省（区、市）内外经济较发达地区接受职业教育；各相关部门和职业院校要切实加强资金管理，严查"双重学籍"、"虚假学籍"等问题，确保职业教育资助资金能够有效使用。

④加强职业教育评估和监督机制建设

职业教育是公共事业，政府部门需要积极推进落实职业教育发展规划，建立职业教育评估体系和监督机制；制定规划评估体系和监督机制的分解落实方案，明确实施单位和实施部门，落实责任分工。

同时，应加强规划实施情况的监测和督导评估。各地要对规划实施情况进行跟踪指导检查，及时研究规划实施过程中的新情况和新问题。教育督导部门要加强对规划实施情况的督导评估，积极支持第三方机构开展评估。鼓励社会各界对职业教育规划的发展实施情况进行监督。

（3）建立校企结合的人才培养模式

校企结合是职业教育发展的内在要求。要实现职业教育培养具有良好职业道德的高素质劳动者和技能型人才的目标，必须强化职业教育的实习实训环节，这就要求职业教育人才培养过程必须与行业企业的生产实际相结合，校企合作、工学结合是最直接、最有效的途径。大力推进校企合作、工学结合符合职业教育发展的本质要求和规律，是构建新型职业教育人才培养模式的必然选择。

校企结合适应社会与市场的需要。高职院校通过企业反馈与需要，有针对性地培养人才，结合市场导向，注重学生实践技能，更能培养出社会需要的人才。同时，校企结合做到了学校与企业信息、资源的共享，学校利用企业提供设备，企业也不必为培养人才担心场地问题，实现了让学生在校所学与企业实践的有机结合，让学校和企业的设备、技术实现了优势互补，节约了教育与企业成本，是一种"双赢"模式。

要实现职业教育的培养目标，就必须突破传统的普通教育学术型人才的培养模式，不断深化职业教育人才培养模式改革，建立以校企结合为核心的人才培养模式。

推动高等职业教育改革发展，要按照建设现代职业教育体系的思路和要求，进一步理清高等职业教育的办学定位与发展方向，创新办学模式和人才培养模式，提高人才培养质量和社会服务能力。

3. 构建适应区域经济的职业教育发展层级结构

根据《现代职业教育体系建设规划（2014—2020年）》的要求，按照终身教育的理念，形成服务需求、开放融合、纵向流动、双向沟通的现代职业教育的体系框架和总体布局。职业教育与普通教育、继续教育的关系如图7-2所示。

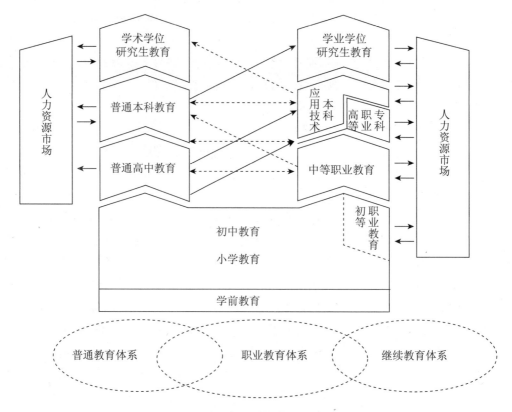

图 7 - 2 我国教育体系基本框架示意图

　　按照终身教育的理念，职业教育体系与普通教育体系、继续教育体系互相融合、相辅相成，形成了服务需求、开放融合、纵向流动、双向沟通的现代职业教育的体系框架和总体布局。

　　（1）构建完善的职业教育的层次结构

　　当前我国职业教育中仍存在多种学制，如三年中职＋两年高职，中高职五年＋两年本科，三年高职专科＋两年高职转升本等，其中，有些是出于打通职业教育各阶段之间壁垒而进行的改革尝试，收到了一定效果。《现代职业教育体系建设规划（2014—2020 年)》将我国职业教育层次分为初等职业教育、中等职业教育和高等职业教育三个层次。

　　①初等职业教育

　　它是和普通教育的小学教育及初中教育相对应的职业教育，在我国占比较小，是最基础的职业教育。承担此类职业教育任务的职业教育机构主要为各类职业院校、培训机构和用人单位，其目标是在这些机构内部开展实用技术技能培训，使学习者获得基本的工作和生活技能。

　　②中等职业教育

　　中等职业教育对应的普通教育的初中学生和高中学生，在整个现代职业教育体系中占比较大，具有基础作用；中等职业教育主要针对初中、高中毕业生开展基础性的知识、技术和技能教育，培养技能人才。中等职业教育是职业教育发展的重点，今后一个时期应总体保持普通高中和中等职业学校招生规模的大体相当。

③高等职业教育

高等职业教育既包含大学专科层次和本科层次的职业教育的学生，也包含专业学位硕士研究生和专业学位博士研究生。目前，我国高等职业教育规模占高等教育的一半以上，本科层次职业教育达到一定规模，而以提升职业能力为导向的专业学位研究生目前正在大力发展过程中。例如，北京地区的以职业教育定位的北京联合大学应用科技学院，已于 2015 年 9 月招收了 2 名专业学位硕士研究生。

我国当前正逐步形成中职、高职、应用型本科、专业学位研究生相衔接的一体化的完整的职业教育层次结构。

（2）构建一体化的职业教育类型

当今世界已进入了一个全新的时代，构建终身教育体系，推进终身学习制度已成为世界性潮流。终身教育指人们在人生各阶段当中所受教育的总和，是人们所受不同类型教育的统一综合。终身教育思想是当今世界最重要、最广泛的国际教育思潮之一，已成为很多国家教育改革的指导方针。实施终身教育，使教育贯穿于人的一生，按照终身教育的理念，职业教育可分为以下几种教育类型。

①职业辅导教育

职业院校开展以职业道德、职业发展、就业准备、创业指导等为主要内容的就业教育和服务。同时，普通教育学校为在校生和未升学毕业生提供的多种形式的职业发展辅导也属于职业辅导教育。

②职业继续教育

职业学校通过多种教育形式为所有劳动者提供终身学习机会。各类职业院校是继续教育的重要主体，其面对的对象不仅是在校的各级职业院校的学生，而且包含所有劳动者。同时，企事业单位建立制度化的岗位培训体系，举办的职工教育，也属于职业继续教育范畴。在我国，依法自主开展职业培训和承接政府组织的职业培训的机构，承担了主要的职业继续教育的职责和功能，是职业继续教育的重要组成部分。目前，社会上比较权威和主要的社会培训机构有：以英语培训著称的上市公司新东方教育科技集团（NYSE：EDU）、以培训汽车驾驶员著名的海淀驾校和进行公务员考试培训的中公教育等。

③劳动者终身学习

当今时代是知识经济时代，是科技发展日新月异和知识、信息呈爆炸式膨胀的时代。在知识经济时代，信息的爆炸式膨胀使得人们的职业和岗位变动更加频繁。劳动者的终身学习成为适应时代发展的生存之本，劳动者需要不断地学习新的职业知识和技术技能，以适应岗位的变化及岗位的更新换代。

因此，职业教育体系需要加强开放性和多样性，使劳动者能够在职业发展的不同阶段通过多次选择、多种方式灵活接受职业教育和培训，促进学习者为职业发展而学习，使职业教育成为促进全体劳动者可持续发展的教育。

（3）构建全面的职业教育办学类型

职业教育的办学类型可以按办学主体、办学形式、学位的授予分为以下三种类型。

①按办学主体来分

职业教育按办学主体来分可以分为政府办学、企业办学、社会办学和联合办学四种形式。目前，在我国，职业教育办学主要以政府办学为主，企业办学为辅，社会办学和联合办学日益发展的形态。目前，以政府办学为主的公办职业院校占据主导地位，民办职业院校和培训机构则发挥着越来越重要的作用。

为推动我国职业教育发展，政府应实行统一的准入制度，办好骨干职业院校，支持社会力量办学，使得各类主体兴办的职业院校具有同等法律地位，依法公平、公开竞争。

②按办学形式来分

职业教育按办学形式来分，可分为全日制职业教育与非全日制职业教育。我国职业教育发展机构体系设计思路是：逐步增加非全日制职业教育在职业教育中的比重，发展工学交替、双元制、学徒制、半工半读、远程教育等各种具有灵活学习方式的职业教育。通过改革学制、学籍和学分管理制度，实现全日制职业教育和非全日制职业教育的统筹管理。

③按学位授予情况来分

职业教育按是否授予学位或是否参加全国统一入学考试可分为学历职业教育与非学历职业教育。学历教育一般为国家教育主管部门批准的、参加全国统一入学考试录取入学的全日制脱产、函授、远程教育、电大开放式教育，毕业后可以获得毕业证书，结业可以获得结业证书，肄业可以获得肄业证书。非学历教育不参加入学考试，实行在职不脱产教育，但只有结业证明。

职业院校同时开展学历职业教育和非学历职业教育，满足行业、企业和社区的多样化需求。职业院校和职业培训机构开展的非学历职业教育可以通过质量认证体系、学分积累和转换制度、学分银行和职业资格考试进行学历认证。

7.3.4 促进北京职业教育发展的路径分析

综合本章前面几部分的内容分析，为促进区域经济发展，政府、企业和高职院校应按照各自的职责要求全面发挥政府、企业和高职院校三方面的作用，从宏观、中观、微观三个层面统筹考虑，全面推进，突出重点，科学组织实施。

1. 政府层面

政府应当从政策层面做好统筹布局、战略规划。

首先，我国在政府层面，已经认识到高职教育与国家经济发展之间的重要作用。教育优先发展，已经成为我国重要的战略决策。从党的十四大率先提出开始，每一次党代会都非常鲜明地指出教育在推进我国现代化建设进程中所具有的重要地位和作用，明确提出要将教育摆在优先发展的战略地位。2005 年 10 月，国务院颁布《国务院关于大力发展职业教育的决定（国发〔2005〕35 号）》，把发展职业教育作为经济社会发展的重要基础和教育工作的战略重点。

2010 年 9 月，教育部全国高等职业教育改革与发展工作会议在浙江杭州召开，会议提出，今后高等职业教育的改革与发展要主动适应区域经济社会发展需要，不断提高高职教育服务经济社会发展的能力。

2011 年 8 月，为进一步发挥行业主管部门和行业组织在发展职业教育中的重要作用，推动职业教育改革创新，全国财政职业教育教学指导委员会成立，该委员会的主要职能是分析宏观需求，指导行业教产合作，不断促进职业教育与行业的衔接，提升职业教育教学质量。该委员会围绕职业教育中心工作，带领各行业、企业、职业院校、科研单位及有关专家积极发挥研究咨询和指导服务的作用，大力推进政府主导、行业指导、企业参与的办学机制建设。

2012 年 11 月，党的十八大在将"大力发展职业教育，加快发展现代职业教育"提升为重大国家战略的背景下，赋予了职业教育改革发展新的目标和内涵。这是全面建设小康社会赋予职业教育的新使命，是中国特色新型工业化、信息化、城镇化、农业现代化建设赋予职业教育的新任务，体现了党中央对职业教育改革发展的新要求。

2013 年 1 月，教育部副部长鲁昕在全国行业职业教育教学指导委员会工作会议上的讲话中指出，"抓经济必须抓职教，抓职教就是抓经济"已经逐步成为各级政府的共识。很多地方政府把职业教育与产业发展同步规划，将职教园与产业园同步建设、融合发展。产业界也普遍认识到加强产教融合、校企合作的重要性和必要性，把加强与职业教育界的合作作为提高劳动者素质、推动产业优化升级、提升企业核心竞争力的有效手段，主动与职业院校开展合作。

2014 年 6 月，国务院颁布《国务院关于加快发展现代职业教育的决定（国发〔2014〕19 号）》，明确提出职业教育的目标任务：到 2020 年，形成适应发展需求、产教深度融合、中职高职衔接、职业教育与普通教育相互沟通，体现终身教育理念，具有中国特色、世界水平的现代职业教育体系。

（1）北京市政府应当牵头强化宏观调控作用

在国家全力建设职业教育的前提下，北京市政府应当牵头强化宏观调控作用，促进北京市区域经济与高职教育的协调发展。而政府的作用主要体现在政策支持上。因此，北京市政府应对高等职业教育采取倾斜政策，确保经费投入，特别是应重点建设一批高等职业教育名校，鼓励和支持这类院校办出水平、办出特色，服务区域经济发展。

（2）北京市政府应将高等职业教育摆在优先发展的地位

北京市政府应当积极贯彻国家职业教育发展战略，将高等职业教育纳入北京市经济社会发展规划，将高等职业教育摆在优先发展的地位，整合资源，统筹布局，因地制宜，大胆尝试，将高职教育与经济发展紧密联系起来，力争在体制机制创新方面取得新的突破。

（3）扩大高职院校自主权，调动高职院校办学积极性

在重点建设高等职业教育名校的同时，进一步扩大高职院校在招生、专业和课程设置等方面的自主权，充分调动高职院校办学的积极性，更好地根据学校实际及经济和市场发展的需要，培养"适销对路"的高素质人才。同时，北京市政府应建立相关高等职业教育与企业合作的法规，明确企业在高等职业教育中的义务和责任以及相应的优惠条件，以提高北京区域内各类国营、民营及外资企业参与校企合作的积极性，为高等职业院校高技能人才的培养提供良好的外部环境。

（4）通过相关制度和政策倾斜，优化高等职业教育发展的体制环境

政府部门应通过相关制度和政策，确保教育经费的投入；鼓励创新办学，特别扶持一批高水平、有特色、具有国际影响力的高等职业院校队伍；进一步扩大高职院校在招生就业、专业设置和课程建设等方面的自主权，充分调动高职院校办学的积极性，同时注重规模发展与质量提高的相统一；引导开展多样化继续教育，多层次、多渠道培养高素质应用人才；鼓励相关部门通过成立协会、研究所等方式，推动和指导高职院校参与区域经济发展规划，调整科研方向和科研计划，使之与区域经济协调发展。

（5）积极发挥高等职业院校主管部门北京市教委的主导和指导作用

作为高等职业教育的行政管理部门，北京市教委应当强力推进校企合作，促使政、产、学、研多方共赢。具体需要做到以下三点。

①要加强职业教育集团建设，推进校企战略性合作

每个支柱产业的背后，都要有一批办学特色鲜明、人才培养质量高的职业院校为其服务。因此，应大力推进以高等职业院校为龙头，由相关企业参与的职教集团建设，不断扩大职业教育校际合作的广度和深度，促进职业教育资源的整合、共享和优势互补。同时，密切和强化职业教育与行业和企业的联系，促进校企双方的共同发展。作为高职院校的主管部门，北京市教委应大力推进以高职院校为龙头，积极鼓励相关企业参与的职教集团建设，推进校际、校企战略性合作，促进职业教育资源的整合、共享和优势互补；明确企业在职业教育中的权利和义务，通过提供相应的优惠政策，提高企业参与校企合作的积极性；在政策层面鼓励高职院校利用人才优势，主动参与企业的技术创新和产品升级，以创造更大的经济效益和社会效益；以政策引导、项目激励等多种方式，调动各方参与高等职业教育的积极性。

截至 2013 年年初，全国已组建 600 多个职教集团，覆盖 100 多个行业部门、近 2 万家企业、700 多个科研机构和 50% 以上的中职学校、90% 以上的高职学校。2012 年，北京市政府会同教育部、国资委推动组建了由中国铝业公司牵头的中铝职教集团，这是首家由大型央企牵头的全国性行业职教集团。

②通过校际间的联合，推动高职院校整体性为区域经济发展服务

教育行政部门通过成立协会、研究所等方式，推动和指导高职院校根据北京市区域经济发展的需要调整科研方向和科研计划，使之产生更大的经济效益和社会效益。

要在政策层面推动高职院校利用人才优势，主动参与企业的技术创新和产品升级，通过破解企业技术难题、工艺改造、新产品研发、生产性实训等方式的技术服务，推动企业发展，增强北京市区域经济发展的活力。

③政府加强宏观调控，推进政产学研合作

2012年9月，由北京市朝阳区教育委员会主导成立北京市朝阳区职业教育教产合作促进中心，它以《朝阳区"十二五"时期教育事业发展规划》提出的"建立结构合理、开放多元、特色鲜明、充满活力的现代教育体系"为指导开展工作。

北京市朝阳区职业教育合作促进中心以北京市朝阳区教委为主导，是搭建教育体制机制改革的实践平台、教育与产业结合发展的技术支持部门、区域教育特色发展的助推器。通过聚集高端人才，聚集优质企业、产业与项目对接，促进朝阳区教育事业的特色发展、创新发展和品牌发展。该中心依托北京市优质职业教育资源，深入贯彻人才强国战略，以市场服务为导向，为北京市产业升级和企业发展提供智能动力，促进教育事业的特色发展。

2. 学校层面

高职院校应适应北京区域市场和社会的需求，服务北京区域经济发展。

（1）高职院校面向市场和社会办学，充分体现区域经济发展的需求

高等职业教育校企结合人才培养模式是为区域经济服务的有效途径。高职院校要深入地方实际，了解区域经济发展的规划、特点和发展方向，面向市场办学，做到办学模式与区域经济结构、产业水平相对接，办学要素与区域经济发展的要素相对接，教育产品与市场人才需求相对接，使高职教育呈现区域性、产业性和灵活性等特点；要有协调发展和可持续发展的意识，创新体制机制，增强办学活力，根据产业结构调试专业，根据新兴产业发展专业，在人才培养规格、内涵和功能上充分体现区域经济发展的需要，强化服务地方经济的能力，彰显服务地方经济的特色。

高职院校应以市场需求以及经济、科技的发展为导向，主动适应区域基础产业、支柱产业、先导产业和高新技术产业以及产业结构调整对生产一线人才的需要。调整专业设置，加快发展新兴产业和现代服务业的相关专业，不断吸收新知识、新理论、新技术，更新和补充教育内容，保证专业设置和教学内容适应市场和企业的需求。

高职院校制定人才培养目标和培养模式，必须以市场和社会需求及企业对人才的知识、技能的需求为依据，根据自身的办学特点和定位，在专业设置、教学内容、课程设置和教学方法等方面与企业需求对接，实现学校与企业人才培养的零距离。充分发挥学校和企业的优势，充分发挥教育服务于经济发展的功能，探索人才培养模式的有效途径，实现与区域经济的良性互动。为此，探索有效的校企结合人才培养模式，应从以下几个方面入手：推进和实现高等职业教育人才培养模式的根本性转变，校企结合是学校人才培养模式的保障之一；学校与企业的实训基地建设是促进校企结合的有效载体，校企结合可以实现学校和企业的互利互惠、合作共赢。

（2）采取特色型和服务型发展战略，走内涵发展之路

营造一流的发展环境，打造教学团队，优化课程设置，加强校企合作，重视就业指导，提高人才培养质量和办学水平；创新理念，创新科技，注重教育内容的更新换代，走产学研相结合的发展道路；在人才培养过程中充分体现职业性、实践性、开放性的特点，走有"区域特点、校本特色"的创新之路；以服务为宗旨，以就业为导向，不断加强自身内涵建设；以改革创新为动力，大力推进合作办学、合作育人、合作就业、合作发展，不断提高服务区域和社会的能力；依托学校的资源优势，积极开展各种非学历教学活动，促进地方劳动者素质的整体提高。

加大工学结合和"以工作过程为导向"的课程体系改革力度。通过加大与工作过程一致的课程改革和以能力为本位的特色教材的研究和开发，以及坚持工学结合的实践教学方式，推动高职教育从以专业理论为本位向以职业岗位为本位转变，从以课堂理论教学为主转向以实践应用教学为主，并将素质教育贯彻到教学的各个环节，不断提高学生的职业岗位能力。

（3）校企结合是学校建设双师型教学队伍的重要途径

学校通过校企结合的人才培养模式，加强对专业教师的技能培训，提高他们的实践能力和操作技能，既为企业培养了生产一线的应用型人才，又为学校双师型队伍建设提供了良好的实践平台。学校根据各专业类别的不同，鼓励和要求教师在不同企业中与学生一起参加实践实训，提高了学生的专业技能，丰富了教师的工作实践，为教师专业理论教学提供了翔实的实践资料。

积极建设校内外专兼职结合的"双师型"教师队伍，及时将新技术、新信息引入教学中。同时，要建设现代化的校内实训基地及稳定的校外实训基地，以促进教学质量的提高，培养符合企业需要的高技能人才。

（4）高等职业教育以校企结合为模式，为区域经济培养人才

随着我国经济的快速发展和产业结构的调整，企业缺少大批生产、服务、管理一线高素质高技能的应用型人才，这已成为制约我国经济发展的瓶颈。高等职业教育要发挥职业教育的特点，把以理论知识学习为主的学校教育环境与直接获取实践经验为主的企业生产环境有机结合在学生的培养过程中，通过校内教学与训练及校外的校企结合岗位技能实训等实践性教学环节，使学生了解、熟悉并掌握企业的生产实践技能，实现学生的培养、就业与企业要求的零距离。通过校企结合人才培养模式，可以充分发挥学校和企业的各种优势，共同培养社会与市场需要的人才，加强学校与企业的合作、教学与生产的结合，校企双方互相支持，互相渗透，双向介入，优势互补，实现资源互用、利益共享。

高职院校通过校企结合与企业建立起人才培养基地的合作关系，特别是国家的大中企业科技含量较高，其产品、技术、工艺、设备、管理等在同行业中处于领先地位，管理规范，对企业员工的要求也相对较高。学校积极与企业建立人才培养基地的合作关系，实现定向招生、定向培养、定向就业。通过校企结合的合作关系，一是学校能

够真正按照企业和社会需求设置专业、课程和技能，同时可以接触相关领域中的先进技术、尖端产品，促进学校教学内容的不断更新，使课堂教学更具针对性和实用性；二是利用学校与企业两种不同的教育资源和教育环境，使课堂教学和实践活动相结合，做到学生在实践中、实践中有学习，保证学生学得好、用得上，使学生的学习目的明确，积极性得以提高；三是企业在校企结合中得到符合需求的人才，企业员工得到培养和提高，并促进企业的自身发展和核心竞争力的提升。

高等职业教育通过校企结合人才培养模式实行订单式教育，这是解决大学生就业问题的有效途径。学校实行开门办学，通过请进来、走出去的校企结合模式，让企业全面了解并介入学生培养工作的全过程，使学生尽早树立岗位意识、职业意识、团队意识。学校可以根据与企业签订的订单，按照情况变化及时调整专业的教学内容，根据企业要求设专业，根据岗位定课程，根据岗位练技能，进行特色教学、特色培养。企业可以向学校提出必要的课程和知识技能要求，要求企业提供实践实训场地和实习指导技术人员。学生通过在企业岗位进行实践，可学到许多在学校、书本里学不到的东西，从而更加明确学习的目的和任务，提高学习的主动性和效果。这种校企结合人才培养模式真正做到了企业需要什么样的人才学校就培养什么样的人才，使学校教育始终与生产劳动相结合，与区域经济更紧密互动。在校企结合的人才培养中，企业得到了符合需要的合格人才，学校为社会、企业培养了合格的劳动者和可靠的接班人，真正做到了校企双赢。

要形成和建立专业技术人才需求信息的收集与公布机制。这需要地方劳动社会保障部分和行政管理部门牵头收集各企业对于高技能人才的需求信息，使地方人才服务中心第一时间明确掌握新职业、新岗位的具体职责要求，并且通过多渠道定期发布消息，让职业院校知晓，最大限度地实现地方经济建设与职业院校的信息对称。

争取实现校企双方合作办学的双赢机制，使职业院校在就业形势日益恶化的今天提高上岗就业率；同时，对开展校企合作的企业实行适当的优惠补贴政策，将企业管理人员纳入专业指导委员会，统筹协调产学合作教育教学的重大事宜，开发符合企业、社会人才需求的课程与教材。制定政策，鼓励企业业务骨干和管理精英到职业院校参与教学工作，并且开展具有相应的法律保障的实践活动，以提高职业院校的师资水平。

高职院校通过建立校企结合的人才培养模式，不断探索校企结合的持续发展机制，完善管理制度和合作机制，建立学校和企业之间稳定的组织联系制度，形成了产教结合、校企共进、互惠双赢的良性循环，使学校教育为经济建设服务，推动了学校与区域经济的良性互动。

3. 企业层面

企业是校企结合的关键因素，应积极参与设置专业与提供实习基地。

（1）教育资源共享是学校和企业合作的保障

高职院校建设校外实训基地，把实践教学延伸到企业，尽可能利用企业的资源，不但可以解决学校设备不足的问题，而且可以充分利用企业中有经验的、技能出色的兼职实训老师，提升实践教学的质量和效果。同时，也可以聘请有实践经验的企业工程技术人员来校讲课，邀请知名企业在学校设立生产车间（基地），或者建立校办企业，建设生产性实训基地。企业可以技术性入股形式进行技术指导，为企业上端或下端生产产品。学校除了为企业培养高素质高技能应用型人才外，还可以根据企业的需要，为企业员工进行知识更新与培训，并针对企业的产品或生产问题，以学校专业教师为主与企业进行技术攻关。

（2）既为学校培养学生，也为企业培养员工，共同培养是校企人才培养模式的核心

学校应在此基础上，规范实践教学过程的管理，建立严格的实训、实践课程教学规章制度，不断完善记录制度、过程巡视制度、教学质量监督制度和教学效果评价制度等。实践、实训教学管理制度既应包括校内实训基地的运行管理，也应包括校外实训基地的运行管理。校外实训的规章制度应结合企业的规章制度与企业共同制定，达到既满足企业生产需要，又为学校培养学生的双赢目的。为了保证学生实践教学的质量，还应建立相应的实践、实训管理制度和技能考核评价制度。

企业成为职业教育成败的关键因素，不论是政府还是学者、教育专家，都应深刻认识到这一点：《中华人民共和国职业教育法》第二十三条规定，职业学校、职业培训机构实施职业教育应当产教结合，为本地区经济建设服务，与企业密切联系，培养实用人才和熟练劳动者。

"职业学校、职业培训机构可以举办与职业教育有关的企业或者实习场所"这一条款较为详细地说明了学校在校企合作中的职责。《中华人民共和国职业教育法》第二十八条规定：企业应当承担对本单位的职工和准备录用的人员进行职业教育的费用，具体办法由国务院有关部门会同国务院财政部门或者由省、自治区、直辖市人民政府依法规定。这一条款对企业提出了要求。高职院校是校企合作的积极推动者，因为校企合作的力度会影响到高职院校的教育质量，也是高职高专评估的重要指标。阻力主要来自企业，参与设置专业与提供实习课程是企业必须承担的两项职责。因此，企业要积极助推校企合作办学力度。在现代化的经济社会中，校企合作办学已经不算是新鲜的事物，相反，它是社会发展的一种必然。在信息化社会的今天，各种资源高度整合优化，校企合作办学越来越受到社会的重视和扶持，它成为行业和社会发展的助推器。目前，职业院校与企业合作的模式主要有工读结合、产学合作、订单培养、工学交替、定向培养等，这些模式只有在当地政府的主导和企业的支持下才能开展。

发达国家经济发展的经验和教训已经证明，职业教育是经济发展、民族振兴和国家富强的强大动力。培养一支素质优良的技能型职业教育人才是我国加强经济建设、发展现代化进程中不可或缺的。促进政、产、学有机结合，是实现北京区域经济与高职教育协同发展的最佳途径。高职教育和区域经济的协调发展，关键是有效地协调政、产、学三方的关系，有效地形成校企合作办学的良好氛围和实现路径。因此，北京高职教育与区域经济的协调发展，需要政府部门、高职院校和各产业界人士的共同努力。

参考文献

[1] 刘佳龙．职业教育与区域经济良性互动的路径选择［J］．职教论坛，2013 (5)：4-6.

[2] 庞祥武．论高等职业技术教育与区域经济的协调发展［J］．理论界，2005 (1).

[3] 林金良．论区域经济建设与区域职业教育的发展［J］．教育与职业，2006 (36).

[4] 湛莹，唐志军．发达国家区域经济协调发展政策研究［J］．改革与开放，2008 (3).

[5] 吴彤林．职业教育与区域经济协调发展的思考［J］．经济研究导刊，2009 (6).

[6] 曾绍玮．职业教育与区域经济的互动关系研究［J］．教育与职业，2014 (17).

[7] 常雪梅．促进职业教育与区域经济协调发展的研究［J］．高教与经济，2010 (1)：47.

[8] 张涛，罗旭，彭尚平．论城乡一体化背景下职业教育的统筹发展［J］．教育与职业，2012 (27)：5.

[9] 张祥明．区域职业教育服务区域经济发展的探究［J］．继续教育研究，2007 (1)：75.

[10] 张辉，苑桂鑫．高等职业教育与区域经济发展关系研究［J］．职教论坛，2008 (25)：19.

[11] 汤春林，赵爱威．高职教育如何适应区域经济发展和产业结构调整［J］．职业教育研究，2005 (12)：29.

[12] 张涛，熊爱玲，彭尚平．城乡一体化背景下职业教育存在的问题及对策研究［J］．教育与职业，2012 (18)：11.

[13] 于欣荣．建构面向区域经济的高等职业教育体系［J］．中国集体经济，2007 (4)：52.

［14］白汉刚．区域经济社会发展与职业教育的关系研究［J］．职教论坛，2007（19）：45.

［15］林红．对职业教育与区域经济协调发展的探究［J］．职业教育研究，2009（7）：11.

［16］靳希斌．教育经济学［M］．北京：人民教育出版社，2001：85.

［17］林艺芳．高等职业教育服务区域经济发展的思考［J］．福建高教研究，2006（5）：13.

［18］戴涵萃，陶亦亦，吴增军．苏南地区高职教育与区域经济发展的实证研究［J］．职业技术教育，2006（10）：22.

［19］杨祖宪，李东航．区域高等教育发展与区域经济发展的关系研究［J］．学术论坛，2009（4）：202.

［20］宋正富．职业教育是推进新型城镇化的巨大引擎［J］．重庆高教研究，2013，1（3）：37-40.

［21］曹晔．城镇化与职业教育发展［J］．职业技术教育，2010，10（31）：5-9.

［22］郭莲纯．城镇化背景下发展现代职业教育的思考［J］．继续教育研究，2013（6）：27-29.

［23］杜睿云，段伟宇．论职业教育与中国城镇化的互动关系［J］．经济论坛，2010（1）：21-24.

［24］杨海燕．城市化进程中职业教育发展研究［D］．北京：北京师范大学，2006.

［25］刘颂．北京城市化进程中的高等职业教育发展研究［J］．经济论坛，2010（1）：21-24.

［26］魏惠东，郭子华．北京市城镇化发展问题研究［J］．中国农业职业学院学报，2013，27（5）：62-67.

［27］辜胜阻，武兢．城镇化的战略意义与实施路径［J］．求是，2011，5：27-29.

［28］陈玉梅，郭松龄．城镇化进程中的职业教育转型研究［J］．湖北工业大学学报，2013，28（3）：52-24.

［29］刘标胜，戈雪梅．高等职业教育在推进城镇化建设进程中的战略作用研究［J］．中国职业技术教育，2012（6）：34-39.

［30］蔡朔冰．职业教育应对城镇化发展的理念及实施策略［J］．教育与职业，2013（2）：11-13.

［31］查吉德．论城市化进程中的职业教育转型［J］．河北师范大学学报：教育科学版，2010（3）：54-58.

［32］俞启定，和震．中国职业教育发展史［M］．北京：高等教育出版社，2012.

［33］全国行业职业教育教学指导委员会．需求：人才缺不缺，缺多少［J］．职业技术教育，2013（18）：28-37.

［34］刘轶群，张志宏．基于行业需求的医药类专业学生职业素质培养［J］．辽宁

高职学报，2010，12（8）：106 - 110.

[35] 陈选能．我国城市化进程中发展职业教育的意义与策略［J］．浙江社会科学，2008（1）：131 - 133.

[36] 许惠清，黄日强．以行业为主导的职业教育模式初探［J］．河北师范大学学报，2011（9）：79 - 84.

[37] 邬跃．北京市物流发展现状与对策建议［J］．中国流通经济，2009（7）：26 -28.

[38] 张晓光．北京区域经济与职业教育协同发展研究［J］．职教论坛，2013（2）：19 - 21.

[39] 林苏．高职教育系统整合初探［J］．中国高教研究，2006（11）：51 - 52.

[40] 赵志友，郭洪辉．职业教育要与区域经济协调发展［J］．中职教育，2011（4）：15 - 17.

[41] 刘雪梅．高等职业教育与区域经济协调发展对策研究［J］．大家，2012（12）：350 - 351.

[42] 姚和芳．促区域经济发展各方应形成合力，http：//paper. jyb. cn/zgjyb/ht-ml/2010 - 11/11/content _ 37600. htm.

[43] 马树超，范唯．中国特色高等职业教育再认识［J］．中国高等教育，2008：13 - 14.

[44] 王善迈．教育公平的分析框架和评价指标［J］．北京师范大学学报（社会科学版），2007（3）．

[45] 马树超，郭扬．高等职业教育跨越·转型·提升［M］．北京：高等教育出版社，2008（3）．

[46] 黄生．全国建设小康社会．从基础教育的均衡发展开始［J］．职教论坛，2003（12）．

[47] 马树超．关注职业教育的双重属性特征［J］．职教论坛，2003（6）．

[48] 陈篙．我国不同地区中等职业教育发展规模与人均 GDP 之关系分析［J］．职教论坛，2003（5）．

[49] 杨哲生．论高职的教育类型——兼论技术与职业教育的内涵［J］．职教论坛，2008（4）．

[50] 姜大源．职业教育学研究新论［M］．北京：教育科学出版社，2007.

[51] 欧阳河，等．中国职业教育体系的形成与演进［J］．职教论坛，2008（10）．

[52] 姚寿．试论"十一五"期间高职教育加强内涵建设的关键［J］．中国高教研究，2007（7）．

[53] 吴雪萍，等．从院校分工看我国高职院校的定位与特色［J］．职业技术教育：教科版，2005（8）．

[54] 浙江经贸学院课题组．高等职业教育工学结合、校企合作的制度反思［J］．

中国高教研究，2009（2）．

[55] 马若义．经济欠发达地区地方高职院校发展问题的思考［J］．教育探索，2007（8）．

[56] 罗纪红．高职人才培养模式改革之我见［J］．中国成人教育，2010（4）．

[57] 张溥．区域经济背景下的高职院校办学定位［J］．科技资讯，2007（7）．

[58] 王成武．职业教育政策策略的国际比较［J］．现代教育科学，2003（4）．

[59] 黄维佳．高职教育与区域经济发展的协调与互动关系［J］．哈尔滨职业技术学院学报，2007（1）．

[60] 杜永兵．浅论区域职教共同体与区域经济的关系［J］．职业园，2006（10）．

[61] 李剑平，魏薇．教育学导论［M］．2版．北京：人民出版社，2002．

[62] 教育部．关于全面提高高等职业教育教学质量的若干意见（教高〔2006〕16号）．

[63] 教育部．教育部关于加强高职高专人才培养工作的意见（教高〔2000〕2号）．

[64] 颜莉芝，朱双华．浅谈高等职业教育专业设置的基本思路［J］．职教论坛，2008（1）．

[65] 周劲松．高等职业院校精品专业内涵建设的着力点［J］．职教论坛，2008（2）．

[66] 叶小明．高职院校教师专业发展的特点与趋势研究［J］．中国高教研究，2007（12）．

[67] 徐涵．项目式教学［J］．教学与管理，2008（8）．

[68] 郑金芳，武士勋，孙玉霞．基于教育经济主义的教育发展方向［J］．职业技术教育，2004（4）．

[69] 洪永锵．构建与区域经济相适应的高等职业技术教育创新体系研究综述［J］．兰州学刊，2005（1）．

[70] 张辉，苑桂鑫．高等职业教育与区域经济发展关系研究［J］．职教论坛，2008（17）：15-19．

[71] 崔晓迪．现代职业教育与区域经济协调发展研究——以天津市为例［J］．教育与经济，2013（1）．

[72] 胡江霞，罗玉龙，郑宏伟．职业教育经费投入与区域经济增长的灰色关联分析——基于重庆的数据［J］．教育学术月刊，2013（10）：72-75．

[73] 王伟．职业教育对农村剩余劳动力转移贡献的实证研究——以重庆为例［J］．现代教育管理，2012（2）：25-28．

[74] 林克松，朱德全．职业教育均衡发展与区域经济协调发展互动的体制机制构建［J］．教育研究，2012（11）：102-107．

［75］曹令秋，秦宇翔．职业教育与区域经济的协调发展研究［J］．山东社会科学，2012（S2）：359-360.

［76］于飞．基于区域经济发展的现代职业教育体系构建——以长吉图开发开放先导区为例［J］．中国高校科技，2011（7）：38-39.

［77］白洁．职业教育与区域经济发展的协调性研究［J］．河北师范大学学报（教育科学版），2014（2）：87-89.

［78］姜茂，朱德全．自由与共生：职业教育与区域经济联动发展的生态学审视［J］．职教论坛，2014（10）：17-20.

［79］周甜，雍恒一，袁顶国．职业教育与区域经济联动发展的立体化路径构建［J］．职教论坛，2014（10）：25-29.

［80］曾绍玮．职业教育与区域经济的互动关系研究［J］．教育与职业，2014（17）：9-11.

［81］王忠惠．职业教育与区域经济联动发展的文化机制［J］．教育与职业，2014（14）：15-17.

［82］屈孝初，朱小燕．职业教育对区域经济的贡献率研究——基于广东、湖南两省的分析［J］．求索，2014（4）：182-185.

［83］朱德全，徐小容．职业教育与区域经济的联动逻辑和立体路径［J］．教育研究，2014（7）．

［84］李海宗，王胜男．对浙江省高等职业教育与区域经济互动的思考［J］．中国职业技术教育，2009（18）：23-26.

［85］刘培培，黄晓琴．系统科学视域下的职业教育与区域经济联动发展［J］．教育与职业，2015（11）：5-8.

［86］查吉德．广州市企业技能型人才现状的调查报告［J］．中国职业技术教育，2006（21）：37-39.

［87］查吉德．广州市企业与职业院校合作意愿的调查研究［J］．中国职业技术教育，2006（29）．

［88］杨松．北京经济发展报告（2014版）［M］．北京：社会科学文献出版社，2014.

［89］韩小明．经济可持续发展与产业结构演进［M］．北京：中国人民大学出版社，2014.

［90］朱迎春．区域"高等教育——经济"系统协调发展研究［D］．天津：天津大学，2009：55-68.

［91］张文耀．西部高等教育与区域经济协调发展研究［D］．西安：西北大学，2013：29-114.

［92］王海花．高等职业教育与区域经济协调发展的研究——以湖南省为例［D］．长沙：湖南师范大学，2013：22-44.

［93］王全旺．高职教育与劳动力市场需求协调发展研究——以天津为例［D］．天津：天津大学，2010：61-87.

［94］杨宇轩．高等教育层次结构调整与经济增长的关系研究——基于1978—2010年的数据分析［D］．成都：西南财经大学，2012：139-153.

［95］翟帆．建立合理层次结构和完整教育体系，北京试水职业教育分级制改革［J］．中国教育报，2011（03）．

［96］谢勇旗．高等职业教育与区域经济协调发展研究——以河北省为例［J］．职教论坛，2011（4）：21-24.

［97］林红．对职业教育与区域经济协调发展的探究［J］．职业教育研究，2009（7）：11-12.

［98］袁海霞．北京市产业结构与就业结构变动分析［J］．北京社会科学，2009（3）：10-16.

［99］北京市教委高教处．北京市高等职业教育改革与发展［J］．北京教育：高教版，2011（3）：7-10.

［100］张晓刚．北京区域经济与职业教育协同发展研究［J］．职教论坛，2013（2）：19-21.

［101］邢娣凤．高等职业教育的有效发展与区域经济的互动［J］．黑龙江高教研究，2008（7）：115-117.

［102］王海平，安江英，等．北京市高等职业教育层次结构与生产力发展水平关系的实证研究［J］．职业技术教育，2013（7）：40-46.

［103］王少国，刘欢．北京市产业结构与就业结构的协调性分析［J］．经济与管理研究，2014（7）：85-90.

［104］张小伟．"首都职业教育需转型发展"——访北京师范大学国家职业教育研究院副院长俞启定［N］．首都建设报，2013-06-17.

［105］李雯．北京高职院校专业结构与产业结构的协调发展研究［J］．教育与职业，2013（6）：16-18.

［106］杨振强．高等职业教育与地方经济互动发展研究［J］．职教通讯，2014（19）：70-72.

［107］张辉，苑桂鑫．高等职业教育与区域经济发展关系研究［J］．职教通讯，2008（9）：15-19.

［108］赵昕，张峰．基于产业集群的职业教育专业集群基本内涵与特征［J］．职业技术教育，2013（4）：36-40.

［109］李海东，杜怡萍．高等职业教育专业设置与经济发展的适应性研究［J］．中国职业技术教育，2013（6）：58-92.

［110］张娜娜，尹艳冰．环渤海地区三省两市的教育资源现状分析与建议［J］．商情，2012（45）：58-61.

［111］范其伟. 中国城市化进程中职业教育发展研究［D］. 青岛：中国海洋大学，2014.

［112］瞿凡. 广西高等职业教育与区域经济发展适应性研究［D］. 柳州：柳州职业技术学院，2008.

［113］北京市教育委员会. 2013北京教育年鉴［M］. 北京：华艺出版社，2013.

［114］NEUMAN A，ZIDERMAN. Vocational education in Israel：Wage effects of the voced - occupation match［J］. Journal of Human Resources，1999（2）：407 -420.

［115］BISHOP，MANE. The impacts of career - technical education on high school labor market success［J］. Economics of Education Review，2004（4）：381 - 402.

［116］BISHOP J. Occupational training in high school：when does it pay off［J］. Economics of Education Review，1989（8）：1 - 15.

［117］CHUNG Y. Educated mis - employment in Hong Kong：earnings effects of employment in unmatched fields of work［J］. Economics of Education Review，1990（9）：343 - 350.

［118］MIN W，TSANG M C. Vocational education and productivity：a case study of the Beijing General Auto Industry company［J］. Economics of Education Review，1990（9）：351 - 364.

［119］ARRIAGADA A，ZIDERMAN A. Vocational secondary schooling, occupational choice，and earnings in Brazil. World Bank Policy Research working papers WPS 1037. Washington：The World Bank，1992.

［120］HOTCHKISS L，HOTCHKISS. Effects of training, occupation, and training - occupation match on wage［J］. Journal of Human Resources，1993（3）：482 - 496.

［121］HAN X. Working Process - oriented Vocational Education［J］. Vocational and Technical Education，2007（34）：5.

［122］JOHN M. Skills for Productivity：Vocational Education in Developing Countries［M］. New York：New York University Press，1993：353.

［123］DAVID A，FRANCIS G. Education，training，and the global economy［M］. Edward Elgar Publishing，1996：169 - 201.

［124］SHARMISHA S，RICHARD G. Education and Long - run Development in Japan［J］. Journal of Asian Economics，2003（14）：565 - 580.

［125］JACOBS W N，GRUBB. The federal role in vocational - technical education［J］. Community College Research Center Brief，2003.

［126］DOUGHERTY K J，BAKIA M F. The New Economic Development Role of the Community College. Unpublished manuscript，Teachers College，Columbia University, 1999: 178.

[127] ROUECHE J E, TABER L S, ROUECHE S D. The Company We Keep: Collaboration in the Community College [M] . Washington, D. C. : American Association of Community Colleges, 1995: 230.

[128] ROSENFELD S A. New Technologies and New Skills: Two Year Colleges at the Vanguard of Modernization. Chapel Hill, N. C. : Regional Technologies Strategies, 1995: 62.

[129] BOONE E J, GILLETT - KARAM R. Community College Administrators' and Local Stakeholders' Perceptions concerning the Economic Development Strategies Used by North Carolina Community Colleges [J] . Community College Journal of Research and Practice, 1996 (20): 19 - 131.

[130] ILVENTO T W. Community Opinions on Economic Development in the Rural South [J] . Tennessee Valley Authority Rural Studies, 2004.